Helmut Maschke

**Spaß beim Singen**

**LEHRER-BÜCHEREI**
**GRUNDSCHULE**

## Herausgeber

**Gabriele Cwik** war Rektorin an einer Grundschule. Zurzeit arbeitet sie als pädagogische Mitarbeiterin im Ministerium für Schule und Weiterbildung in Nordrhein-Westfalen im Referat für Presse, Öffentlichkeitsarbeit, Bildungsportal und Reden.

**Dr. Klaus Metzger** ist Regierungsschulrat, zuständig für alle fachlichen Fragen der Grundschule und die zweite Phase der Lehrerausbildung für Grund- und Hauptschulen im Regierungsbezirk Schwaben/ Bayern.

**Der Autor**
**Helmut Maschke** (Nordendorf) war Schulleiter einer Grundschule und ist ausgebildeter Musiker. Zahlreiche Lieder in diesem Buch hat er selbst geschrieben. Er ist Lehrbeauftragter für Musikpädagogik an der Uni Augsburg und leitet mehrere Chöre.

Helmut Maschke

# Spaß beim Singen

## Lieder für viele Gelegenheiten
## Mit Noten und Instrumentalbegleitung
## Vielfältige Methoden für die Klassen 1 bis 4

Cornelsen
SCRIPTOR

Die in diesem Werk angegebenen Internetadressen haben wir überprüft (Redaktionsschluss April 2008). Dennoch können wir nicht ausschließen, dass unter einer solchen Adresse inzwischen ein ganz anderer Inhalt angeboten wird.

Nicht in allen Fällen war es uns möglich, den Rechteinhaber für Melodie und Liedtext ausfindig zu machen. Berechtigte Ansprüche werden selbstverständlich im Rahmen der üblichen Vereinbarungen abgegolten. Wir bitten um Verständnis.

www.cornelsen.de

**Bibliografische Information:** Die Deutsche Bibliothek verzeichnet diese Publikation in der Deutschen Nationalbibliografie; detaillierte bibliografische Daten sind im Internet über http://dnb.ddb.de abrufbar.

Dieses Werk folgt den Regeln der deutschen Rechtschreibung, die seit August 2006 gelten.

5. 4. 3. 2. 1. Die letzten Ziffern bezeichnen
12 11 10 09 08 Zahl und Jahr der Auflage.


Redaktion: Marion Clausen, Göttingen
Herstellung: Brigitte Bredow, Berlin
Umschlaggestaltung: Claudia Adam, Darmstadt unter Verwendung eines Fotos von Anja Albrecht, Braunschweig
Linolschnitte: Schüler aus dem Leistungskurs Kunst 2007 bis 2009 des Gymnasiums Maria Stern, Augsburg-Göggingen unter der Leitung von Rupert Zettl
Noten: Helmut Maschke, Nordendorf
Satz: FROMM MediaDesign, Selters/Ts.
Druck und Bindung: fgb · freiburger graphische betriebe
Printed in Germany
ISBN 978-3-589-05134-2

Gedruckt auf säurefreiem Papier,
umweltschonend hergestellt aus chlorfrei gebleichten Faserstoffen.

# Inhalt

## 1. Teil Theoretische Grundlagen



## 2. Teil Lieder für viele Gelegenheiten

# 1 Theoretische Grundlagen

## Lieder einführen und erarbeiten

Wem ist nicht aus dem Musikunterricht seiner eigenen Schulzeit die folgende ermüdende Situation in Erinnerung: Die gutmeinende Lehrperson, welche nicht nur den üblichen Liedschatz ständig wiederholen möchte, hat mit Mut und Zuversicht ein neues, unbekanntes Lied ausgewählt. Sie singt es vor: einmal, zweimal … 17-mal, und die willigen Schüler wiederholen es je nach Ohr, Stimmband, Nachbar und Begabung; und erst dann, wenn die Melodie einigermaßen gesichert ist, kommt der Augenblick, ab dem Lehrer wie Schüler an dem neuen Lied ihre Freude haben.

In vielen Musik-Lehrerhandbüchern – selbst in ganz aktuellen (!) – finden sich zum Thema Liedeinführung immer noch Sätze wie dieser: „Nun singt die Lehrerin/der Lehrer die erste Strophe des Liedes zeilenweise vor und die Kinder singen im Chor nach." Diese methodisch unglückliche Vorgehensweise sollte endgültig der Vergangenheit angehören. Der moderne Musikunterricht kann auf das unerquickliche Vor- und Nachsingen (= Papageienmethode) verzichten, indem Einführung (Erlernen des neuen Liedes) und Erarbeitung (Analyse des neuen Liedes) in sinnvoller Weise miteinander verknüpft werden, unterstützt durch gezielte Aufgabenstellungen. Im Folgenden wird gezeigt, wie das Erlernen eines neuen Liedes von der ersten Minute an lustvoll gestaltet und bei den Kindern zusätzlich ein Lernzuwachs in musikalischer Hinsicht – als bewusst herbeigeführter „Nebeneffekt" – erzielt werden kann. Dies zu beweisen und praktische Hilfestellungen für die Arbeit mit dem Lied und am Lied zu geben, ist das entscheidende Anliegen dieses Buches. Bei einzelnen Punkten in der Beschreibung der Lieder gibt es notgedrungen Wiederholungen (etwa zum Austeilen der Instrumente). Wir haben diese in Kauf genommen, damit man nicht hin- und herblättern muss und bei jedem Lied alle erforderlichen Angaben findet.

## Auf Vor- und Nachsingen weitgehend verzichten

Bei einer Verschmelzung von Liedeinführung und Liederarbeitung hat das Singen nicht am Anfang der Unterrichtseinheit seinen didaktischen Ort (hier stehen das Einsingen oder die Wiederholung eines bekannten Stückes), sondern im letzten Drittel. Kernpunkt dieser Methode ist die Phase, in welcher die Klasse anhand der neuen Melodie ganz unterschiedliche musikalische Aufgaben zu lösen hat. Das Lied wird also mehrmals vorgesungen bzw. -gespielt, wobei jedoch die Melodie nicht passiv, sondern wegen der speziellen Aufgabe aktiv und bewusst gehört wird und sich dadurch sicherer einprägt als durch das Vor- und Nachsingen. Zur Darbietung des neu einzuführenden Liedes sind folgende Möglichkeiten geeignet:

1. Der Lehrer singt das Lied selbst vor. Die geübte Singstimme besitzt – trotz aller technischer Möglichkeiten, die heutzutage genutzt werden können – nach wie vor Vorbildfunktion für die Schüler.
2. Die Kinder hören das Lied von der beiliegenden CD. Jedes Lied wird hier in zwei Fassungen präsentiert:
   a. Instrumentalbegleitung mit Gesang
   b. Instrumentalbegleitung ohne Gesang
3. Der Lehrer spielt das Lied auf einer Tenor-Blockflöte vor, da sie in derselben Lage wie die Kinderstimme erklingt. Darüber hinaus bedingt sie – mehr als die vokale Präsentation des Liedes, bei der der Text leicht vom Melodieverlauf eines Liedes ablenken kann – das bewusstere Hören auf die Tonfolge.

Zwei gewichtige Gründe sprechen gegen die Liedeinführung über den Weg des Vor- und Nachsingens: Haben sich Fehler in der Melodie erst einmal eingeschlichen, lassen sie sich nur sehr schwer wieder beseitigen! Bei der Einführung eines Liedes durch die Papageienmethode müssen die Schüler bereits nach dem *ersten* Vorsingen durch den Lehrer die Melodieteile wiederholen. Die Fehlerquote ist selbst bei geübten Klassen relativ hoch, eventuelle Falschsinger erschweren dem Nachbarn die richtige Imitation des Gehörten.

Nur gesicherte Melodieverläufe lassen ein gelockertes, entspanntes Singen zu. Unsicherheiten verkrampfen; sie verhindern somit die richtige Einstellung des Atems auf die Phrasenlänge und begünstigen die fehlerhafte Hochstellung des Kehlkopfs bei höheren Tönen.

## Vielfältige Möglichkeiten der Liedeinführung nutzen

Die Aufgaben zu einem neu einzuführenden Lied sollten des Arbeitswechsels wegen möglichst vielseitig sein, wobei je nach Thema, Inhalt, Melodieverlauf, Liedform, rhythmischer Struktur und Begleitform bestimmte Schwerpunkte zu setzen sind. Die Idealform der Einführung ist erreicht, wenn alle nachfolgend aufgeführten Bereiche vorkommen:

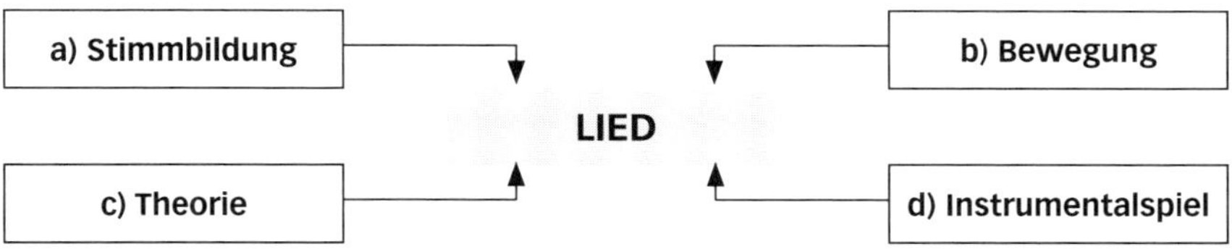


**Stimmbildung**
Im schulischen Bereich sollte die *Stimmbildung* nicht auf akademische Art in Form von Tonleitersingen o.Ä. ablaufen. Es ist hinreichend bekannt, dass hier spielerische Wege beschritten werden können, z.B. durch Impulse wie: Atmet den Duft einer Blume ein; summt wie ein Elektroauto und bewegt euch dazu; startet und landet wie ein Flugzeug; hechelt wie ein Hund (siehe auch: Hinweise zum Einsingen). Je nach Thema des Liedes sollten die Übungen entsprechend variiert werden. Auch schwierige Intervallsprünge können mithilfe sinnvoller, dem Lied angepasster Übungen vorweggenommen bzw. gesichert werden: Ein ungewöhnlicher Sextsprung eines Froschliedes wird quakend trainiert (in verschiedenen Lagen) oder abfallende Quarten in einem Winterlied werden lautmalerisch als hügelabwärts sausende Schlitten dargestellt und vorbereitet (ausgehend von unterschiedlichen Anfangstönen). Es ist jedoch immer darauf zu achten, dass die Stimmspiele in der Gruppe nie zu laut (Gefahr des Forcierens; die Kontrolle für Lehrer und Schüler geht verloren) und nach Möglichkeit nicht von unten angesetzt werden (Gefahr, dass zu viel Brustton in die Höhe gestemmt wird). In jedem Fall ist viel Vorsicht und Einfühlungsvermögen der Lehrerin nötig, damit die Stimmbildung auch Stimm*pflege* bleibt und nicht zur Kraftdressur ausartet.

**Bewegung**
Elementare Musikerziehung im Sinne Carl Orffs bezieht den ganzen Körper mit ein. Demzufolge dürfen sich die Aktivitäten während einer Musikstunde nicht nur auf Singen und Instrumentalspiel beschränken, es sollte in jedem Fall auch die *Bewegung* berücksichtigt werden. Der emotionale Inhalt eines Liedes wird in Mimik, Gestik und Pantomime besser aufgenommen als durch das bloße Verbalisieren. Den Rhythmus der Begleitung sichern Patschen, Schnipsen, Klatschen, Stampfen (= Klanggesten) sehr viel nachhaltiger als abstraktes Zählen. (Das „Patschen" meint im Zusammenhang des elementaren Musikunterrichts: mit der flachen Hand auf den Oberschenkel schlagen.) Die Längen der Phrasen und ihre Anordnung werden beim Tanzen intensiver erfasst und körperlicher erlebt als durch jede noch so gute Formenlehre: Gehe vorwärts, wenn du den A-Teil eines Liedes das erste Mal hörst, gehe rückwärts, wenn sich die Melodie wiederholt!

Mit der Bewegung erfährt der Musikunterricht eine wertvolle Möglichkeit des Arbeitswechsels. Der Tatsache schließlich, dass der Tanz dem Bewegungsdrang der Grundschulkinder in hervorragender Weise entgegenkommt, muss in jedem Fall Rechnung getragen werden.

**Theorie**
Der Musikunterricht der Grundschule fordert auch die Vermittlung von theoretischen Kenntnissen. In Verbindung mit dem Einführen bzw. Erarbeiten eines Liedes bieten sich folgende Lernziele an:

a) der Umgang mit rhythmischen Bausteinen

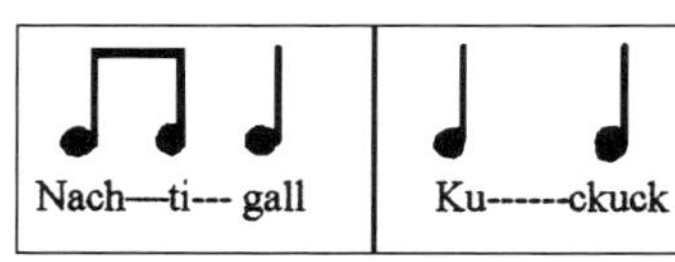


b) das „Aufschreiben" von Melodiekurven

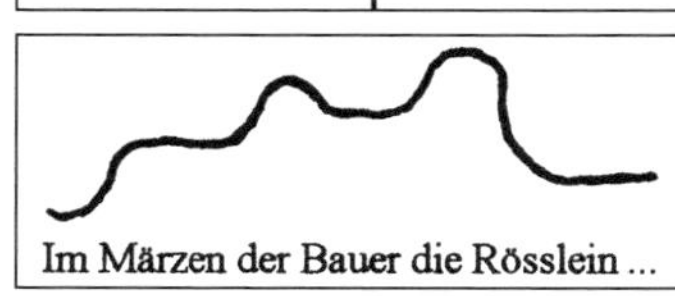


c) das Anbahnen der Notenschrift

Der Umgang mit der Notenschrift ist allerdings nur dann sinnvoll, wenn die Kinder gleichzeitig auch ein Instrument spielen. Sollte jedoch regelmäßig mit rhythmischen Bausteinen gearbeitet werden, könnten im Musikunterricht immerhin die häufigsten rhythmischen Notenwerte wie halbe Note, Viertel, Achtel und eventuell Punktierte (ohne das fünfzeilige

Notensystem) eingeführt und von den Kindern selbst auch geschrieben werden.

d) Umgang mit der grafischen Notation (frei-metrisch = rhythmisch frei)

z. B.: leiser werden – lauter Schlag – leiser Schlag

e) das Erkennen von einfachen Liedformen

Das Lied „Im Märzen der Bauer“ weist z.B. folgende Liedform auf:
A-Teil = Im Märzen der Bauer die Rösslein einspannt.
A-Teil = Er setzt seine Felder und Wiesen in Stand.
B-Teil = Er pflüget den Boden, er egget und sät
A-Teil = und rührt seine Hände frühmorgens und spät.

Die Beschäftigung mit der *Theorie* muss aber auf keinen Fall bedeuten, dass der Unterricht jetzt nur noch trocken und sachlich verläuft. Die Aufgaben können durch spielerische Elemente durchaus lustvoll gestaltet werden. Dies kann durch einen Wettbewerb oder ein Quiz geschehen oder man bezieht Stimmung, Handlung oder Thema des Liedes mit ein, z.B.: Wer die richtige Liedkurve erkennt, erhält eine Ehrenkarte für das Froschfest!

**Instrumentalspiel**
Der Begriff *Instrumentalspiel* bezieht sich hier auf die Begleitung des neu einzuführenden Liedes, die von allen Schülern ausgeführt werden kann und einen problemlosen Wechsel von Tänzern, Sängern und Instrumentalisten ermöglicht. Diese Begleitung muss so beschaffen sein, dass der rhythmisch-motorische Ablauf der zu spielenden Tonfolgen über Klanggesten (schnipsen, patschen, klatschen, stampfen) und rhythmische Textunterlegungen – ohne die Verwendung von Noten! – eingeführt und anschließend auf den Instrumenten auch auswendig gespielt werden kann. Dazu singt oder spielt die Lehrerin immer wieder das neue Lied, wodurch sich bei den Schülern – und das ist die erklärte Absicht dieser Vorgehensweise – die Melodie auch ohne das mühselige Vor- und Nachsingen einprägt. Stabspiele (Xylophone, Glockenspiele und Metallophone) sowie das kleine Schlagwerk (Hölzer, Handtrommel, Becken ...) sind für diese Methode bestens geeignet. Auch wenn bei der Verwendung dieses Instrumentariums zuweilen Einwände gegen eine „pädagogische“ Musik erhoben

werden: Stabspiel-Stimmen, die wie eine Geige geführt sind (und seien sie musikalisch noch so genial geschrieben), bleiben für den Unterricht mit Gruppen und Klassen unbrauchbar, da sie nicht instrumentengerecht konzipiert wurden und auch den Forderungen nach Spielbarkeit durch weniger begabte Kinder in keiner Weise entsprechen. Das Prinzip des Ostinaten ist demnach unumgänglich. In den Begleitsätzen (siehe Liedteil) finden daher in erster Linie zwei Formen Verwendung:

- rhythmisches Ostinato (stets wiederkehrendes rhythmisches Motiv)

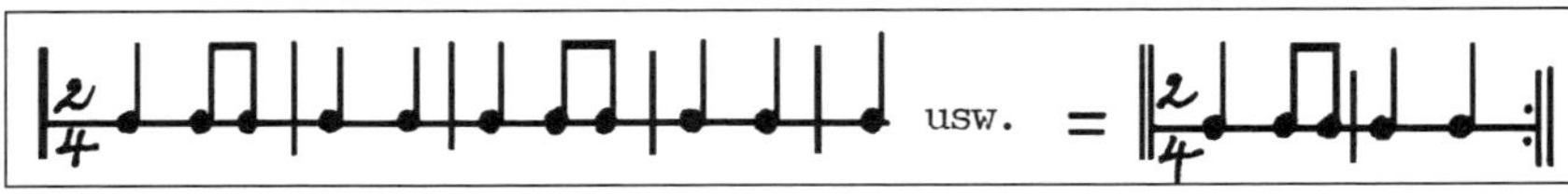


- harmonisches Ostinato (stets wiederkehrende Akkordfolge)

Dieses Buch bietet für sämtliche Lieder, denen ein ostinates Harmonieschema zugrunde liegt oder die einen problemlos nachvollziehbaren Wechsel der Begleitakkorde besitzen, leicht ausführbare Begleitsätze auf Stabspielen an. Andere Lieder, die diese Voraussetzungen nicht erfüllen, sind mit harmonisch unabhängigen Begleitrhythmen versehen, die einerseits die o.a. Methode der Erarbeitung ermöglichen, andererseits aber auch die Schüler in ihrem musikalischen Tun motivieren. Die Erfahrung zeigt, dass Kinder, die sängerischen Aktivitäten zunächst mit einer gewissen Ablehnung gegenüberstehen, über das Instrumentalspiel zum Singen gebracht werden können. Darüber hinaus finden sich zu jedem Lied Vor- bzw. Zwischenspiele (zumeist ebenfalls mit harmonischem Ostinato unterlegt) sowie Hinweise für Begleitakkorde (Gitarre, Tasteninstrumente).

## Lieder in eine Rahmenhandlung einbetten

Aufgaben zur Einführung und Erarbeitung des neuen Liedes können organischer miteinander verknüpft werden, wenn diese in eine Handlung, in eine Geschichte eingebettet sind. Dieser methodische Ansatz bewirkt ein Aufschlüsseln des emotionalen Gehaltes eines Liedes ohne große Worterklärungen, schafft zusätzliche Motivation und lässt manche Aufgabe als selbstverständlich erscheinen, die von der Klasse sonst als Pflicht angesehen würde. Kinder im Grundschulalter erleben und empfinden noch ganzheitlich, weshalb aus gutem Grund immer wieder auf die Bedeutung des fächerübergreifenden Unterrichts bzw. des Projektunterrichts auch in den konkret ausgearbeiteten Liedbeiträgen des Buches hingewiesen wird. Rahmenhandlungen sind selbstverständlich der Eigenart und dem Inhalt des Liedes angepasst; viele der beschriebenen methodischen Schritte lassen sich nicht nur im jeweiligen Einzelfall verwenden, sondern sind auch auf die Einführung anderer Stücke übertragbar.

## Das Einsingen

Jeder Sportler – gleich ob Handballspieler, Leichtathlet oder Judoka – weiß um die Bedeutung des Aufwärmens: Durch eine bessere Durchblutung der Muskulatur wird sie leistungsfähiger und gleichzeitig weniger verletzungsanfällig. Dies gilt ebenso für die Muskulatur des Kehlkopfes, auch sie kann nicht von einer Sekunde auf die andere Höchstleistungen vollbringen. (Viele Lehrer hätten schon allein dadurch weniger Stimmprobleme, wenn sie morgens auf dem Weg zur Schule – anstatt Radio zu hören – mit einem leichten, drucklosen Summen ihre Stimmwerkzeuge „aufwecken" würden.)

Einsingeübungen in Form von Tonleiterfiguren (so sinnvoll sie beim Chorsingen und in der Solo-Gesangsausbildung sind) finden die Schüler meist altmodisch und wenig spannend. Daher sind nachfolgend fast ausnahmslos frei-metrische Vorschläge zur Stimmschulung aufgeführt. Es ist auf jeden Fall notwendig, eine Klasse schrittweise und mit Geschick an diese Art der Arbeit heranzuführen. Das Einsingen sollte nicht länger als fünf Minuten dauern. Musikalisch exakt festgelegte Übungen, die bewusst die Motive eines Liedes übernehmen, um damit der Einführung eines bestimmten Stückes zu dienen, finden sich im praktischen Liedteil (Sommerfest, Rodelreise …).

Wichtig ist unbedingt – es wurde bereits darauf hingewiesen –, dass die Stimmspiele in der Gruppe nie zu laut (Gefahr des Forcierens; die Kontrolle für Lehrer und Schüler geht verloren) und nach Möglichkeit nicht von unten angesetzt werden dürfen (Gefahr, dass zu viel Brustton in die Höhe gestemmt wird). Dabei ist viel Vorsicht und Einfühlungsvermögen der Lehrperson notwendig, damit die Stimmbildung auch Stimmpflege bleibt.

### Übungen für die Stimme

a) Gehe durch den Raum und summe dabei einen beliebigen Ton. Stelle dir vor, du fährst mit einem Elektroauto. Hast du keine Luft mehr (Akku ist leer), bleibst du kurz stehen (zum Aufladen atme tief in den Bauch hinein) und fährst dann weiter mit einem neuen Ton. Hier können auch Singesilben wie „nü“ oder „dü“ (Förderung der Kopfresonanz) verwendet werden.

b) Gehe durch den Raum und summe dabei Melodienkurven. Stelle dir dabei vor, du fliegst wie eine Biene oder bist mit einem Flugzeug unterwegs. Zeige dabei mit der Hand an, ob du hoch oder tief fliegst. Hast du keine Luft mehr, lande rechtzeitig, tanke erneut und starte wieder ...

c) Die Gruppen stehen sich in zwei Linien gegenüber. Die Kinder der ersten Linie denken sich einen Ton aus und „tragen“ ihn summend auf die andere Seite. Dort geben sie den Ton an den Partner der gegenüberstehenden Gruppe weiter und nehmen seinen Platz ein. Die Schüler der zweiten Gruppe übernehmen den Ton und tragen ihn summend auf den Platz des Partners zurück. Nun haben beide Gruppen ihre Plätze getauscht. Hier kann der Lehrer auch bestimmte Töne vorgeben (z.B. Dreiklangstöne).

d) Nun stellt euch ein Jojo vor, das von oben nach unten saust. Mit welchem Ton kann das Jojo oben beginnen? Achte darauf, dass dein Mund ein richtig rundes O dazu formt.

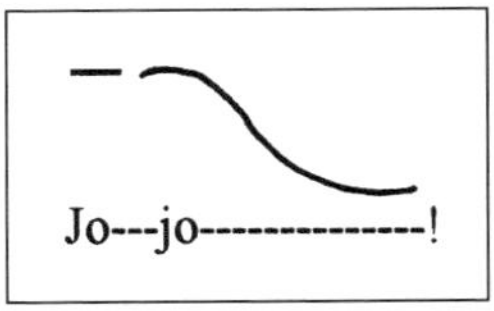


Das Jojo bewegt sich jetzt wieder nach oben und anschließend nach unten.

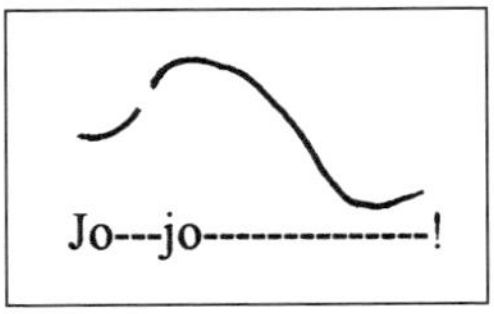


Das Jojo schwingt in drei verschiedenen Kurven. Begleite die Bewegungen mit deinem Ton.

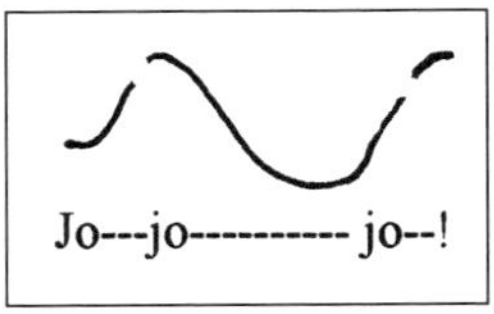

### Übungen für die Aktivierung des Zwerchfells

a) Sprich die Mitlaute im Rhythmus und spüre dabei die Tätigkeit der Bauchmuskulatur.

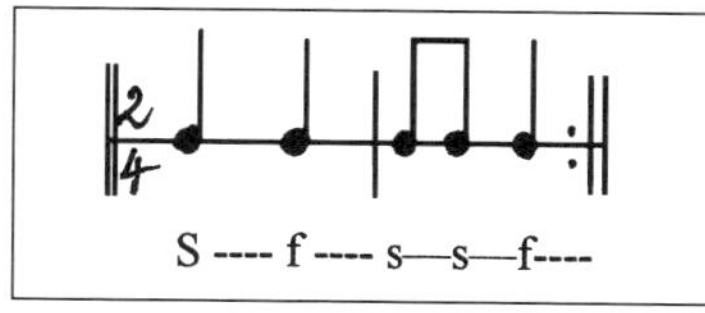


b) Gehe durch den Raum und stelle dir vor, du fährst mit der Dampfeisenbahn. Sprich die Silbe „sch" rhythmisch mit und bewege dazu deine Arme vor und zurück.

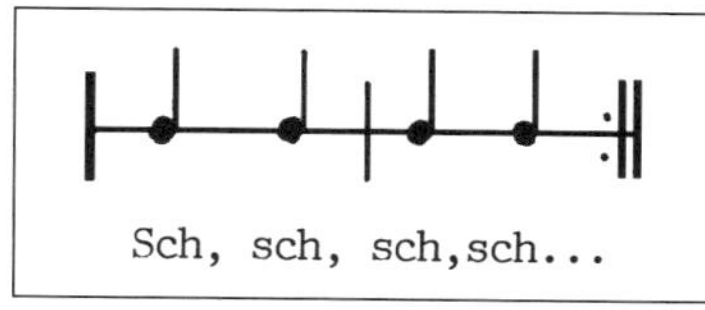


c) Sprich die Silbe „pa!" mit einem ganz besonders deutlichen P am Anfang. Probiere verschiedene Tonhöhen aus; spüre auch dabei die Tätigkeit des Zwerchfells.

d) Du bekommst jetzt einen Luftballon, den du in der Luft halten sollst. Dazu stößt du ihn immer wieder an, damit er nach oben fliegt. Beim Anstoßen sprichst du kurz die Silbe „pa"; solange der Ballon fliegt, begleitest du ihn mit der Silbe „nü". Je nachdem, ob sich der Ballon nach oben oder unten bewegt, passt du die Tonhöhe an (glissando).

### Übungen für die bewusste Führung des Atems

a) Atme tief in den Bauch. Es bewegt sich vor allem die Bauchdecke, nicht dein Brustkorb. Dabei hilft dir dies:
   - Stelle dir vor, deine Nasenlöcher sind rings um den Gürtel angeordnet! Dort strömt jetzt die Luft in deinen Bauch.
   - Stelle dir vor, deine große Zehe atmet ein!

b) Wer kann am längsten ausatmen und dabei ein „Sss" zischen? Wir starten gleichzeitig, jeder atmet tief ein und hebt eine Hand hoch. Dann strömt die Luft langsam aus, während jeder das weiche S summt. Wenn die Luft zu Ende ist, nimmt man die Hand wieder herunter.

c) Wer kann auf der Blockflöte am längsten einen Ton aushalten oder eine Melodie am weitesten spielen, ohne zwischendurch Luft zu holen?

d) Wir blubbern mit einem Strohhalm in ein Glas mit Wasser. Wer kann am längsten Luftblasen aufsteigen lassen?

e) Wir blasen in eine Kerzenflamme (evtl. auch mit Strohhalm). Wer kann die Flamme am längsten flackern lassen, ohne dass sie erlischt?

### Übungen mit Sprechversen

Diese Übungen bieten sich bei sogenannten „Brummern“ an bzw. bei Kindern, die beim Sprechen und Singen mit ihrer Stimme sehr festgefahren agieren. Die Übungen werden in freier Tongebung ausgeführt. Der verwendete Text ist austauschbar, je nach Jahreszeit, Anlass oder Lied, das neu eingeführt werden soll:

a) Sprich den Vers so, als ob du mit ihm auf einen Berg oder eine Treppe hochsteigen würdest! Mit jeder Silbe oder mit jedem Wort wird der Text heller!

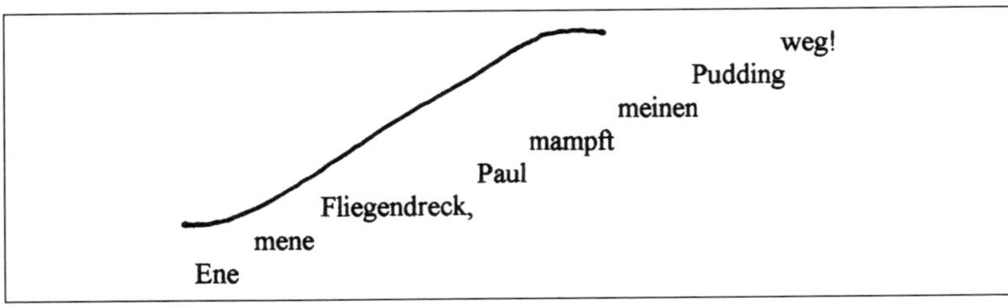


b) Sprich den Vers so, als ob du mit ihm einen Berg oder eine Treppe hinabsteigen würdest!

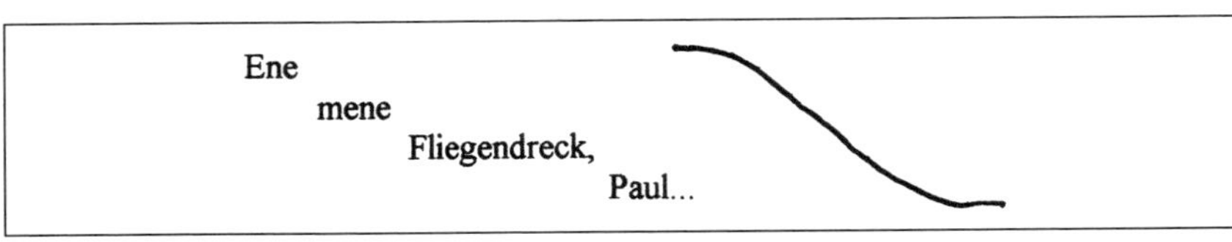


c) Sprich den Vers, als ob du mit ihm in einem Schwung über einen Berg wandern würdest!

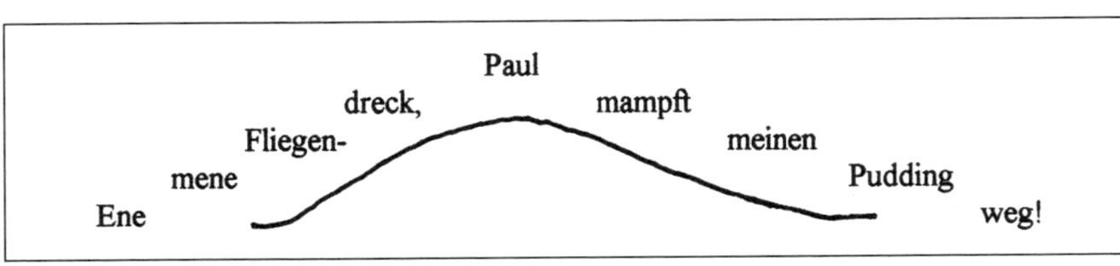


d) Sprich den Vers, als ob du damit auf einem Schiff in hohem Wellengang schwimmen würdest!

## Stimmspiele mit grafischer Partitur

Aus den vorgestellten Stimmspielen kann mithilfe einer grafischen Partitur ein modernes vokales Stück zusammengesetzt werden. Diese Art der Ausführung ist motivierender als die Aneinanderreihung von Einzelaufgaben; außerdem gibt die grafische Partitur den Kindern die Möglichkeit, selbst Stücke (und nicht nur zu diesem Thema) zu komponieren. Die Partitur wird auf eine Folie geschrieben und dann mit einem Overheadprojektor an die Wand gebracht. Der „Dirigent“ markiert mit einem dünnen Stab, der von links nach rechts über die Folie gezogen wird, wo sich die Musiker gerade befinden. (Das Stück kann aber auch von rückwärts musiziert werden = „Krebsgang“ von rechts nach links.)

Die Bedeutung der Zeichen ergibt sich aus ihrer Lage in der Partitur-Zeile und ihrer Art der Darstellung:

Punkt = kurzer Ton/kurze Aktion
Strich = langer Ton/lange Aktion
dick = lauter Ton/laute Aktion
dünn = leiser Ton/leise Aktion
oben = hoher Ton/hoher Klang
unten = tiefer Ton/tiefer Klang!

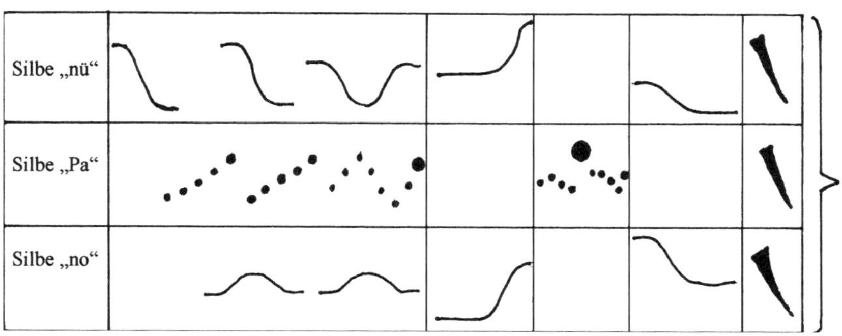


## Worauf ist während des Singens zu achten?

Aussagen von Lehrerinnen und Lehrern wie „Ich bin froh, dass meine Schüler überhaupt bereit sind zu singen!“ sind zunehmend häufiger zu hören. Oft bringen die Kinder geringe stimmliche Voraussetzungen mit, auch weil die Singtradition im Elternhaus und in der Öffentlichkeit verloren gegangen ist (eine Fernsehsendung wie „Deutschland sucht den Superstar“ kann darüber keinesfalls hinwegtäuschen). Doch muss sich der optimistische Lehrer mit diesem Status quo nicht abfinden: Verbesserungen in der Technik des Singens sind – wenn auch nur in kleinen Schritten – in der regelmäßigen Arbeit mit einer Klasse durchaus erreichbar, steigern die Freude am Tun und erhöhen die Motivation. Die Schüler wollen gefordert (und gefördert) sein. Dazu eignen sich die folgenden acht Empfehlungen:

**1. Zu tiefe Intonation eines Liedes vermeiden**
Zu tiefe Intonation fördert lautes, plärriges Singen. Auch bei ungeübten Sängerinnen und Sängern sollte der zumutbare Stimmumfang (Ambitus) ausgeschöpft werden.

Allmähliche Erweiterung anbahnen bis

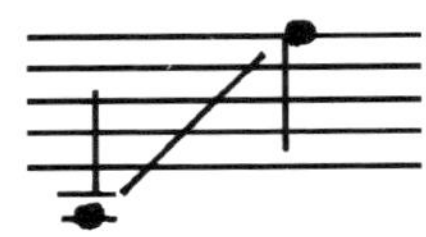

**2. Anfangston angeben**
Der Lehrer summt den ersten *Takt* des Liedes vor (der Anfangston allein ist nur für geübte Sänger hilfreich). Ein instrumentales Vorspiel (Gitarre, Blockflöte ...) lässt die Schüler nicht nur in die richtige Tonart des Liedes einschwingen, sondern auch in den Typus und in das Tempo.

**3. Gemeinsames Atmen**
Bewusstes Atmen in den Bauch vor und nach einer Liedphrase ist hilfreich. Die Kinder können das richtige Atmen überprüfen, indem sie die Hände auf den Bauch legen. Bei Kommas oder am Satzende wird geatmet, nicht nach jedem zweiten Takt. Um das zu üben, sollen die Kinder ausprobieren, wie weit sie mit einmaligem Einatmen singen können.

**4. Lieder gemeinsam beenden**
Schließt das Lied mit einem Mitlaut wie t oder s, muss man das Ende gemeinsam absprechen. Der Klang sollte beim Aushalten des Schlusstones nicht schwächer werden.

**5. Einheitliche Vokalbildung**
Das e in der zweiten Silbe eines Wortes wird dem Hauptvokal angeglichen (Sonne, Biene). Das i auf der Hauptsilbe eines Wortes sollte nicht zum e abgleiten (*singen* wird sonst zu *sengen*, *wird* zu *werd*). Umlaute werden auf dem ersten Vokal ausgehalten (au = aaaao//eu + äu = ooooe// ei = aaaae).

**6. Deutliches Sprechen**

Für die Ausgangsstellung formen die Lippen ein großes O. Die Kinder können das deutliche Sprechen auf diese Weise üben: Sprich beim Singen so, dass beim Tonausfall des Fernsehers die Zuschauer trotzdem erkennen können, welches Lied wir singen. Auch das „stumme" Liedersingen trainiert: Hier versucht der Partner (oder die ganze Klasse), das Lied vom Mund eines Kindes abzulesen.

**7. Immer auf die Lehrerin bzw. den Lehrer schauen**

Die Lehrperson kann durch deutliches stummes Mitsprechen eine Texthilfe geben, außerdem Hinweise (z.B.: Welche Strophe? Kommt nun der Kanoneinsatz?) und Zeichen (z.B. über die Lautstärke). Auch für die Abfolge der Tanz- und Bewegungsformen ist der aufmerksame Kontakt mit dem Lehrer wichtig. Durch ein Lächeln oder eine Geste wird an die Stimmung eines Liedes erinnert bzw. diese verstärkt.

**8. Gefestigte Lieder zuweilen auch höher singen**

Bekannte Intervalle bzw. Melodien werden mit weniger Kraft und ohne Verspannung gesungen. Auf diese Weise erweitert sich der Tonumfang der Kinder.

# 1. Hallo!

## (Lieder zur Begrüßung)

Karina Hoffmann

## Hallo!

Text und Musik: Helmut Maschke

## Wir warten auf den Tag so long

Geburtstagskanon

Text und Musik: Helmut Maschke

**Ostinate Begleitung:**

## Möglichkeiten der Liedeinführung („Hallo!")

Dieser Kanon eignet sich wegen seiner Kürze nicht nur für das Singen im Klassenverband, sondern vor allen Dingen auch als Begrüßungslied für Elternabende, Sommerfeste oder ähnliche Veranstaltungen. Aus diesem Grund wird im Folgenden die Vorgehensweise in einer Situation aufgezeigt, wie sie sich z. B. auch beim sogenannten „Offenen Singen" darstellt.

### 1. Begrüßung

Der Lehrer heißt die Anwesenden singend mit „Hallo sag' ich dir …" willkommen. Selbstverständlich möchte jeder der Angesprochenen höflich sein (so die Hoffnung des Lehrers) und die musikalische Begrüßung erwidern: Das Auditorium erhält den Auftrag, dem Begrüßenden (nach nochmaligem Vorsingen) am Ende der Zeile ein fröhliches „Hallo" entgegenzurufen.

Die Kanonzeile kann vom Lehrer ein drittes Mal vorgesungen werden: Die Gruppe soll nun das „Hallo" am Ende der Zeile singend (evtl. in Dreiklangtönen) erwidern.

### 2. Üben des Kanons

Ein Spruchband über der Bühne mit dem Text des Kanons (oder ein Plakat, für alle sichtbar platziert) erleichtert den Besuchern (und dem Lehrer) die Arbeit des Übens. Das Auditorium übernimmt singend den ersten Teil („Hallo sag' ich dir"), der Lehrer ergänzt den Rest des Kanons. Das gemeinsame „Hallo" am Ende der Zeile wird beibehalten, es dient bei der späteren mehrstimmigen Ausführung als Sicherung der Pause. Die Aufgabe wird erweitert, indem die Versammlung auch den zweiten und schließlich den dritten Teil des Kanons übernimmt.

Der ganze Kanon wird nun von allen Leuten gesungen, die …

- etwas Blaues tragen.
- ein Haustier besitzen (Mäuse und Stubenfliegen eingeschlossen).
- im Fach Musik (Sport, Geschichte, Mathematik …) die Note Eins hatten.
- mit dem Auto gekommen sind.
- gestern beim Frisör waren.
- in ihren Socken ein Loch haben.

Falls es der Platz zulässt, laufen alle durch den Raum und singen dabei den Kanon zweimal. Beim letzten „Hallo" sitzt jeder wieder auf seinem Stuhl.

### 3. Mehrstimmiges Singen

Die Anwesenden werden in zwei, später in drei Gruppen zum Kanonsingen eingeteilt. Der Einsatz erfolgt wie notiert. Nach zweimaligem Singen der Kanonzeile schließt jede Gruppe selbstständig. Bei jedem „Hallo“ winkt jeder seinem Nachbarn oder seinem Gegenüber zu.

### 4. Singen mit Bewegung

Das Kanonsingen kann auch im Gehen durchgeführt werden. Nach den Einsätzen erheben sich die Gruppen nacheinander von ihren Plätzen, gehen singend durch den Raum und vermischen sich. Auf diese Weise treffen Sänger aus verschiedenen Gruppen aufeinander; die Begrüßung bei jedem „Hallo“ erfolgt nun per Handschlag. Dabei darf das Weitersingen nicht vergessen werden!

# Möglichkeiten der Liedeinführung („Wir warten auf den Tag so long“)

## 1. Einsingen mit einem Motiv aus dem Kanon

Für das Singen eines Geburtstagskanons gibt es viele aktuelle Anlässe. Dabei möchten wir der Schülerin, dem Hausmeister, der Schulleiterin oder auch dem Goldhamster viele gute Wünsche überbringen: Die dritte Zeile des Kanons wird in verschiedenen Tonlagen gesungen (Ausführung von D-Dur bis G-Dur, evtl. As-Dur). Wegen der besseren Atmung empfiehlt es sich, dass die Schüler dabei stehen.

## 2. Aufgaben zum gesamten Kanon

a) Wie lauten die Reimwörter in diesem Kanon?
b) Finde heraus, ob es in Text oder Melodie Wiederholungen gibt!

Damit die Kinder die Fragen beantworten können, ist es sinnvoll, den Kanon auch mehrmals vorzustellen.

## 3. Klärung der Fragen

Der Lehrer hat Kärtchen mit den Reimwörtern und den dazugehörigen Noten vorbereitet. Mit diesen Kärtchen werden die Reimwörter an der Tafel oder am Overheadprojektor hervorgehoben. Die Lehrkraft erklärt – falls nötig – die englischen Wortbedeutungen.

Der Kanon besteht aus drei Zeilen, dabei wird jeweils in der zweiten Hälfte die Melodie der ersten Hälfte wiederholt. Der Melodieverlauf kann auf Folienstreifen oder transparentes Papier gezeichnet und so grafisch verdeutlicht werden:

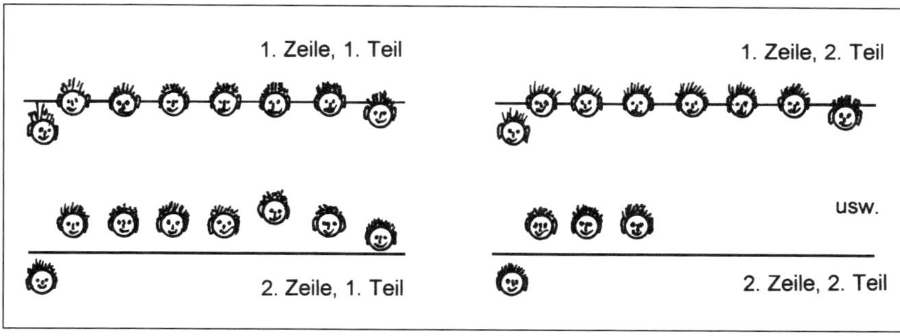


Während die Kinder diese Teile verfolgen, singt oder spielt der Lehrer den Kanon noch einmal vor.

Wenn man die Folienstreifen übereinanderlegt, wird die musikalische Identität der Melodieteile zusätzlich sichtbar. Man kann sie auch für ein Melodierätsel nutzen: Der Lehrer spielt auf einem Instrument den Kanon ein Stück weit an; die Schüler lesen die Grafik mit und zeigen, an welcher Stelle die Melodie abgebrochen wurde. Oder der Lehrer spielt einzelne Kanonteile an und die Schüler sollen erkennen, um welchen Teil (welche Zeile) es sich dabei handelt.

### 4. Arbeit mit dem Text

Falls nötig, wird den Schülern der vollständige Text des Kanons in schriftlicher Form präsentiert (Folie, Tafelanschrift ...). Zur Festigung bietet sich ein Textrătsel an (Anspielen der Melodie – Stoppen an beliebiger Stelle – Schüler lesen stumm mit und nennen das Wort, an dem die Melodie abgebrochen wurde). Die Zeilen können auch auswendig geübt werden:

a) Wir sprechen wie ein Professor.

b) Wir gratulieren wie ein Zwerglein.

usw.

### 5. Singen im Wechsel

Der Lehrer singt die erste und zweite Zeile, die Schüler ergänzen den Kanon mit der dritten Zeile. Die Schüler übernehmen singend die Teile der Wortkärtchen (Schlüsse der Liedzeilen), der Lehrer die Zeilenanfänge.

Auch ein Wechsel ist möglich: Die Schüler übernehmen die Zeilenanfänge, der Lehrer singt die Zeilenschlüsse.

Wir denken uns die Zeilenanfänge (= stummes Singen) oder flüstern den Text ganz leise mit; an den Stellen „Tag so long“, „diesen Song“ singen die Schüler.

Diese Übungen sind bestens geeignet, die Tonvorstellung und die musikalische Reaktionsfähigkeit der Kinder zu schulen.

### 6. Gemeinsames Singen

Wenn alle gemeinsam den Kanon einstimmig singen, können die Kinder versuchen, jeweils nur am Ende einer Kanonzeile (nach vier Takten) zu atmen. Um eine Zwei- oder Dreistimmigkeit anzubahnen, gibt es folgende Möglichkeiten:

a) Die Klasse singt den ersten Kanoneinsatz, der Lehrer übernimmt den zweiten.
b) Vom Tonträger kommt der erste Einsatz, die Schüler singen den zweiten Einsatz.
c) Eine Blockflötengruppe übernimmt den ersten Einsatz, die Klasse den zweiten und der Lehrer den dritten Einsatz.

Bei einer mehrstimmigen Ausführung empfiehlt es sich, dass jede Gruppe den Kanon jeweils zweimal singt und danach selbstständig endet. Nach dem Schluss der letzten Gruppe überbringt die Klasse mit einem gemeinsam gesprochenen „Alles Gute zum Geburtstag!“ dem Geburtstagskind die besten Wünsche.

# 2. Unser Goldfisch Kalle

(Tierlieder)

*Alexandra Pelzl*

## Unser Goldfisch Kalle

Text und Musik: Helmut Maschke

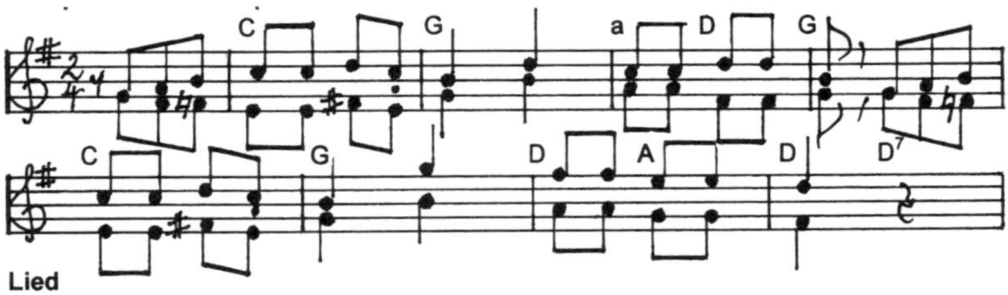


**Lied**

**Strophen**

Unser Kater Kalle...
Unser Hamster Kalle...
Unser Hase...
Unser Rabe...
Unser Nilpferd Kalle...
Unser Nashorn...
Unser Tiger...
Unser Löwe...

Finde weitere passende Tiere! Denke daran, dass sie immer zwei Silben haben müssen!

**Möglichkeiten der Ausführung**

a) Takte 3-4, 7-8, 11-12, 15-16: Spielen des angegebenen Rhythmus mit beliebigen Schlaginstrumenten

b) Takte 3-4, 11-12: Ausführung auf Holzinstrumenten (Holzblocktrommeln, Schlaghölzer...)
Takte 7-8, 15-16: Ausführung auf Fellinstrumenten (Handtrommeln...)

c) Takte 3-4, 7-8, 11-12, 15-16: Ausführung auf Xylophonen oder Boomwhackers in den entsprechenden Akkorden (siehe methodische Hinweise)
Takte 3-4 und 15-16 = G-Dur (1. Stufe)
Takte 7-8 und 11-12 = D-Dur (5. Stufe)

## A. Möglichkeiten der Liedeinführung

Dieses Stück ist aus der methodischen Absicht heraus entstanden, den Kindern ein Lied zu bieten, das nicht nur begleitet werden kann, sondern bei dem das Instrumentalspiel – in Verbindung mit dem Singen – in den Mittelpunkt des musikalischen Tuns rückt. Je nach Fähigkeiten der Klasse und je nach Ausstattung mit Instrumenten können die Takte 3–4, 7–8, 11–12 und 15–16 in verschiedenen Klangfarben ausgeführt werden (siehe Liedblatt).

Um dem Song einen aktuellen „Drive“ zu geben, empfiehlt es sich, die Achtel nicht binär (= klassische Teilung der Viertel in zwei gleichmäßige Achtel), sondern ternär (= swing-typische Teilung der Viertel in drei Triolenachtel) auszuführen.

Notation:

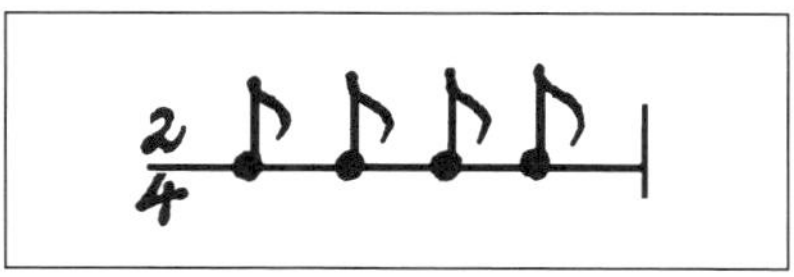

Ausführung:

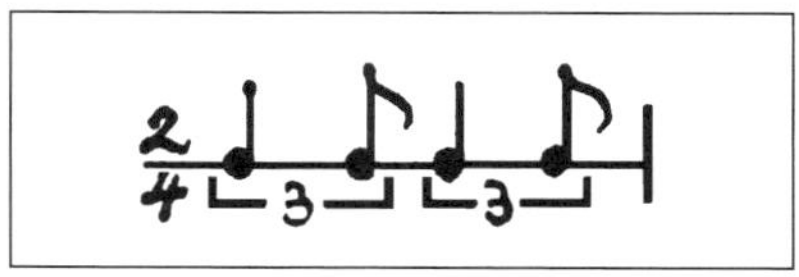

### 1. Höraufgaben zum Vorstellen des Liedes

a) Stelle fest, wie viele Pausen in diesem Lied vom musikalischen Goldfisch vorkommen! (Lösung = 4 x 2 Takte; die Kinder werden allerdings erst dann wirklich *alle vier* Pausen erfassen, wenn sie die letzten beiden Takte nach dem Ende des Singens als mit zum Lied gehörig erkennen. Es empfiehlt sich deshalb, beim Vortrag des Liedes auch die letzten beiden Takte instrumental darzustellen bzw. auszuführen.)

b) Kannst du die Pausen mit einem Text oder einem Rhythmus füllen? (*Lösung:* Die Pausen können mit der jeweils vorausgehenden Textzeile oder dem Rhythmus des Liedes gefüllt werden.)

### 2. Arbeit mit Klanggesten

Klatsche immer den Rhythmus nach, den der Lehrer in einer Liedzeile singt! Du kannst auch auf den Boden stampfen, auf den Stuhl klopfen oder im Rhythmus laufen oder hüpfen.

### 3. Analyse des zu spielenden Rhythmus

Die Lehrerin bereitet Rhythmuskärtchen vor, entweder für jedes Kind einen eigenen Satz oder große Karten, die an der Tafel befestigt werden können. Mit ihrer Hilfe soll den Schülern der in den Pausen zu spielende Rhythmus bewusst gemacht werden. Die Aufgabe lautet dann: Bringe die Rhythmuskärtchen in die richtige Reihenfolge! (*Lösung:* siehe Liedblatt)

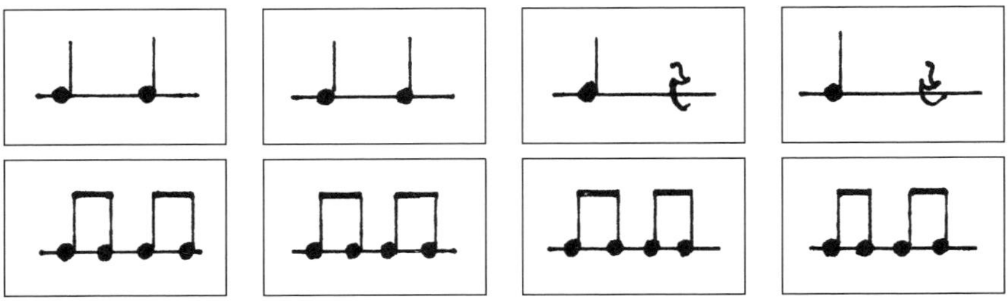

### 4. Übertragung der Rhythmen auf Instrumente

Jetzt werden die Rhythmusinstrumente ausgeteilt. Je nach Klassengröße und Menge erhält evtl. nur jeder zweite oder dritte Schüler ein Instrument und gibt es anschließend im Uhrzeigersinn weiter. Die Lehrerin singt/spielt immer wieder das Lied dazu, die Schüler konzentrieren sich nur auf das Instrumentalspiel.

### 5. Texträtsel

Die Lehrerin gibt den Text des Liedes vor (Folie, Tafel ...), hier sollte bereits Platz für andere Tiernamen (Wechselkärtchen) der nachfolgenden Liedstrophen vorgesehen sein. Dann spielt sie die Melodie des Liedes ein Stück weit an und stoppt an beliebiger Stelle. Nun sollen die Schüler herausfinden, bei welchem Wort die Melodie abgebrochen wurde. Auf diese Weise kann die Lehrerin feststellen, ob die Schüler Melodie und Text bereits richtig zuordnen können.

### 6. Gemeinsames Singen

Das gemeinsame Singen der Kinder erfolgt ohne Rhythmusinstrumente. Die Lehrerin übernimmt die Begleitung des Liedes und die Ausführung der Zwischenspiele. Dabei ist auf das richtige Singen der Liedmelodie zu achten.

### 7. Aufführung mit Gesang und Instrumenten

Jeder zweite Schüler erhält ein Rhythmusinstrument und ist für die Aktionen in den Pausen zuständig. Die anderen Kinder sind der Chor und übernehmen den Gesangspart.

**8. Tausch der Instrumente**

Durch den Tausch der Instrumente, wie unter Punkt 4 beschrieben, kann jeder Schüler in kurzer Zeit mehrmals eine Trommel, ein Schlagholz usw. spielen. Bei fortschreitender Sicherheit der Kinder können die Liedpausen in verschiedenen Klangfarben gefüllt werden (Fell und Holz im Wechsel; siehe auch Liedblatt).

## B. Möglichkeiten der Weiterarbeit

Die Übertragung der Pausenrhythmen auf Xylophone oder Boomwhacker (Ausführung in harmonisch festgelegten Tönen) ist auch mit Grundschülern problemlos zu meistern: Der Lehrer klebt Farbpunkte auf die jeweils passenden Töne der Xylophone (Glockenspiele eignen sich für diese Rhythmen weniger gut, da Metalltöne lang nachklingen). Diese Arbeit kann auch mit den Schülern gemeinsam ausgeführt werden; wichtig ist dabei allerdings, dass die zu einem Akkord gehörigen Töne für die Kinder deutlich nachvollziehbar an der Tafel oder auf Folie notiert sind. Beim Spielen darf jedes Kind einen beliebigen Ton aus der jeweils passenden Farbe auswählen. Damit auch zwei Schüler gleichzeitig an einem Stabspiel musizieren können, sitzen sie sich gegenüber; das Xylophon steht in der Mitte.

| **Akkord G-Dur (z. B. gelb)** | **Akkord D-Dur (z. B. blau)** |
|---|---|
| G | D |
| D | A |
| H | Fis |
| G | D |

Die Farben zeigen an, mit welchen Akkordtönen die Pausen gefüllt werden müssen:

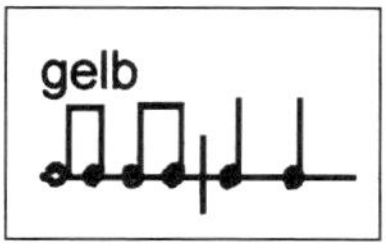

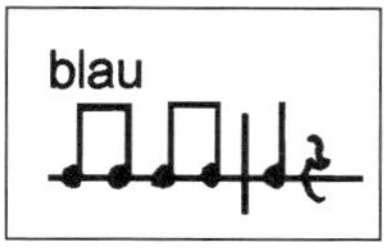

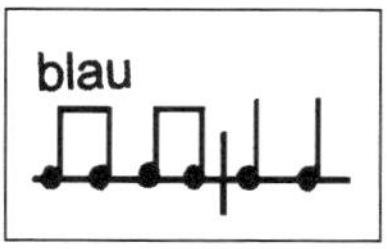

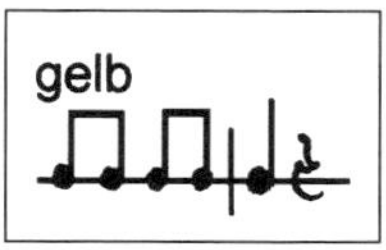


Die Boomwhackers sind üblicherweise bereits farbig gekennzeichnet. Um jedoch genauso wie mit den Xylophonen arbeiten zu können, sollten die Rohre mit den gleichen Farbpunkten bzw. -streifen beklebt werden.

## Das Huhn und der Gummibaum

(Kanon)

Text: mündl. überliefert
Musik: Helmut Maschke

**Vorspiel**

**Kanon**

**Ostinate Begleitung**

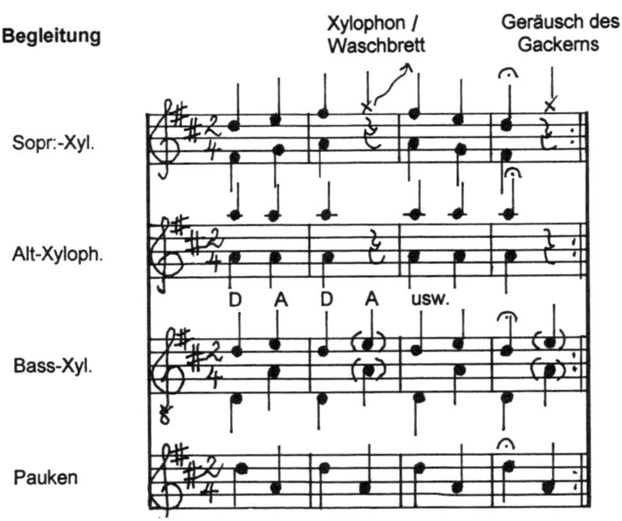

# A. Möglichkeiten der Liedeinführung

## 1. Hinführung

Der Lehrer präsentiert den Schülern den Text des Kanons an der Tafel oder auf Folie in Form von Wortstreifen. Diese sollten so gestaltet sein, dass nachfolgend auch Liedkurven, Rhythmuskärtchen und andere Eintragungen ergänzt werden können (siehe Punkt 5). Alternativ kann der Inhalt des Liedes mit Bildern dargestellt werden, dabei reichen einfache Skizzen an der Tafel. Die Kinder sollen raten, welche Geschichte hier gezeigt wird. Anschließend spricht man mit den Schülern über Sinn und Unsinn des Liedes.

## 2. Einsingen

Das Motiv der Zeile „dann ging es in den Hühnerstall“ ist geeignet, mit der Klasse die Erweiterung des Stimmumfangs zu trainieren. Jede Übung startet in einer anderen, höheren Tonlage.

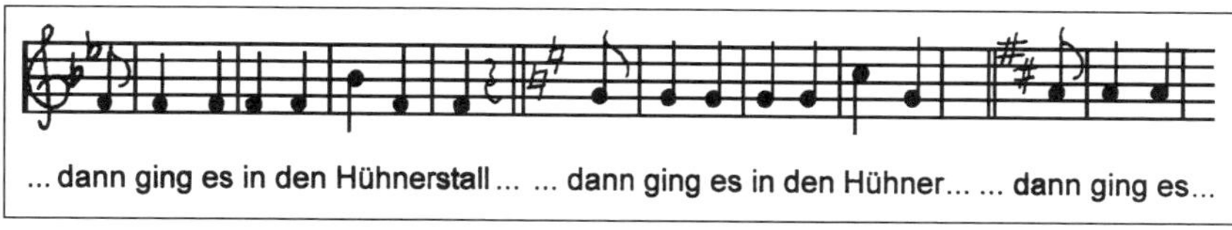


Die Kinder singen den Liedteil mit dem Text. Dabei ist stets darauf zu achten, dass nicht forciert wird und Kopf- und Mundstellung locker bleiben. Anschließend pfeifen wir das Motiv, summen es, singen es auf einer Tonsilbe (bomm, ei, nü ...) oder gackern die Melodie.

## 3. Aufgaben zum Vorstellen des Liedes (Kanons)

a) Bei welchem Wort liegt der höchste Ton der Melodie? (*Lösung:* Der höchste Ton liegt bei der Silbe „Hüh“-(nerstall).)

b) In welchem Liedteil hörst du eine absteigende Melodiekurve? (*Lösung:* Die absteigende Figur befindet sich in der letzten Zeile „und legte einen Gummiball!“)

## 4. Analyse des Rhythmus

Finde heraus, an welcher Stelle folgender Rhythmus vorkommt:

Zur Sicherung des Motivs klatschen oder patschen die Schüler die rhythmische Figur. Gackere jeweils einmal, wenn du eine Pause hörst!

Während der Lehrer das Lied vorsingt, klatschen die Schüler bei den Reimwörtern und gackern (nur ein Ton!) am Ende jeder Zeile.

### 5. Darstellung der Lösungen

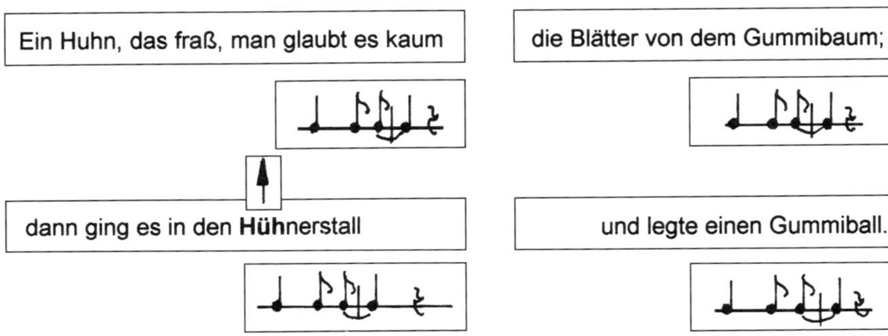


### 6. Singen des Liedes (Kanons)

Alle sprechen den Text des Liedes im vorgegebenen Rhythmus (normale Lautstärke, flüstern, tonlos nur mit Mundbewegungen …). Dann singt der Lehrer das Lied und spart dabei die Reimwörter aus, die von den Schülern ergänzt werden. Diese Übung schult das Reaktionsvermögen und die Tonvorstellung. Weiter geht es damit, dass der Lehrer die erste und dritte Zeile singt, die Kinder führen die zweite und vierte Zeile aus. Man kann auch zwischen Mädchen und Jungen wechseln, zwischen „Harry Potter"-Fans und „Tintenherz"-Anhängern usw. Die Übungsphase schließt damit, dass alle Schüler das Lied gemeinsam einstimmig singen. Dabei ist auf richtige Atmung, Mundstellung und deutliches Sprechen zu achten.

### 7. Anbahnung des Kanonsingens

Die Klasse singt den ersten, der Lehrer übernimmt den zweiten Kanoneinsatz. Oder: Zwei Gruppen nehmen weit voneinander Aufstellung, sie werden in ihren Kanoneinsätzen von einem Melodieinstrument unterstützt. Jede Gruppe singt den Kanon zweimal und schließt dann selbstständig. (Beim Kanonsingen dürfen sich die Kinder nicht die Ohren zuhalten!) Schwieriger ist folgende Ausführung: Der Lehrer gibt den beiden getrennt voneinander stehenden Gruppen zunächst den Kanoneinsatz wie in der vorausgehenden Übung. Sobald der Gesang sicher läuft, tauschen die beiden Gruppen die Plätze, während die Kinder dabei ohne Unterbrechung ihre Kanonstimme weiter singen (Gruppe A steht dann am Platz der Gruppe B und umgekehrt). Diese Übung schult die Sicherheit im Kanonsingen, da in dem Moment, in dem die Schüler den Platz tauschen und es kurzzeitig zu einer Vermischung der Kanongruppen kommt, jedes Kind auf sich selbst gestellt ist.

## 8. Vorbereitung des Instrumentalspiels

Zur Vorbereitung von Pauke und Bass-Xylophon gehen die Kinder im Viertelrhythmus auf der Stelle.

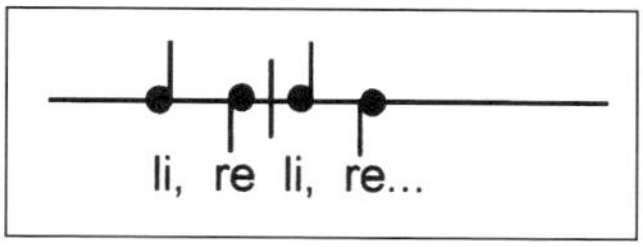


Die Begleitstimmen von Sopran- und Alt-Xylophon werden im Sitzen mithilfe von Klanggesten geübt, wie sie nachfolgend angezeigt sind. In die Pausen („pst“) werden später das Glissando auf dem Waschbrett und das Gackern eingefügt. Zu jeder Übung singt oder spielt der Lehrer die Melodie des Liedes. Der Auftakt bereitet den Schülern allerdings Schwierigkeiten. Es empfiehlt sich daher, den motorischen Ablauf der Begleitrhythmen acht Takte lang spielen zu lassen, bevor der Lehrer mit der Melodie einsetzt.

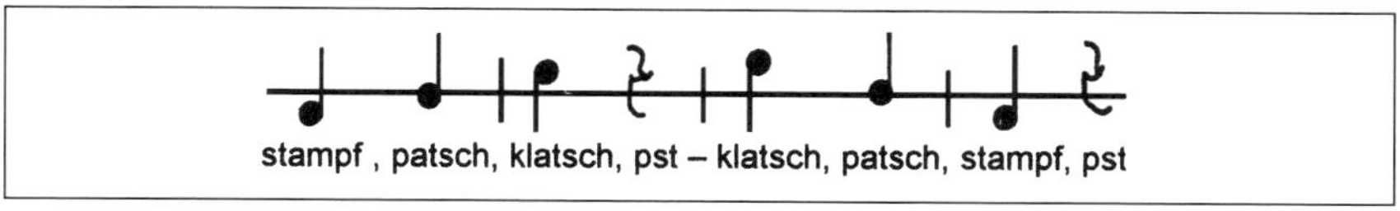


Wenn die Schüler das Lied bereits beherrschen, können sie versuchen, gleichzeitig zur Ausführung der Klanggesten zu singen.

## 9. Aufführung mit Gesang und Instrumenten

Jeder zweite oder dritte Schüler erhält ein Instrument. Nicht benötigte Töne werden herausgenommen oder umgedreht (Unterseite nach oben); hilfreich ist auch die Markierung der Töne mit farbigen Klebepunkten.

Die anderen Kinder bilden den Chor und singen. Nach einem Durchgang (Vorspiel – Lied – Nachspiel) werden die Instrumente getauscht; wer jetzt kein Xylophon bzw. keine Pauke hat, übernimmt den Gesangspart.

Durch das geordnete Weitergeben im Kreis können innerhalb kurzer Zeit alle Kinder der Klasse ein Instrument spielen. Nach Möglichkeit sollte das Vorspiel bereits vor der Unterrichtsstunde geübt werden (z.B. während der Blockflötenstunde). Sonst entsteht leicht Unruhe in der Klasse, wenn sich der Lehrer zu lange mit einer kleinen Gruppe beschäftigt.

## B. Möglichkeiten der Weiterarbeit

Erfahrungsgemäß bereitet den Kindern das Singen in Verbindung mit Bewegung sehr viel Spaß. Darum teilt der Lehrer die Klasse in Gruppen ein, die zu den einzelnen Zeilen des Liedes selbst Tanzfiguren bzw. Gesten entwickeln sollen. Für diese eigenständige Arbeit braucht allerdings jede Gruppe einen Tonträger als Hilfestellung. Anschließend stellen die Schüler sich gegenseitig ihre Ergebnisse vor. Ein echter Höhepunkt der Arbeit wäre es, wenn die Gruppen ihre „Performance“ (Gesang mit Bewegung) im Kanon ausführten. Die wohl präparierte Lehrperson hat aber in jedem Fall eine eigene Bewegungsform für den Kanon vorbereitet:

| | |
|---|---|
| Vor- und Zwischenspiel | aufgeregtes Gackern aller Hühner |
| Takt 1 bis 4 | beide Daumen unter die Achseln stecken; mit den Armen flattern wie ein Huhn |
| Takt 5 bis 8 | mit dem Zeigefinger der linken Hand im Rhythmus an die Stirn tippen |
| Takt 9 bis 12 | mit dem Daumen der linken Hand im Rhythmus nach hinten zeigen |
| Takt 13 bis 16 | exakt beim Wort „Gummiball“ mit der rechten Hand einen bunten Ball in die Höhe halten |
| Nachspiel | die Kinder werfen ihre Bälle in die Zuschauer |

## Hamster-Shuffle

Text und Musik:
Musikschule Fröhlich

**Lied**

1. Ich werd' nachts wach und hö---re Krach, ich denk', ich seh' mal bes—ser nach!

Der Mund, der bleibt mir of—fen steh'n! Was glaubt ihr wohl, hab' ich ge---seh'n?

1. Mein Hams-ter Max---------, der läuft im Kühl-schrank 'rum-------, ich hör' nur:
2. Mein... ... kratzt an der Kä-----se------do‿se----, ich hör' nur:
3. Mein ... ... stößt al----le Fla----schen um---------, ich...
4. Mein ... ... rutscht in der But---ter aus--------, ich...

**Nachspiel** (Zeit für die Aktionen des Hamsters)

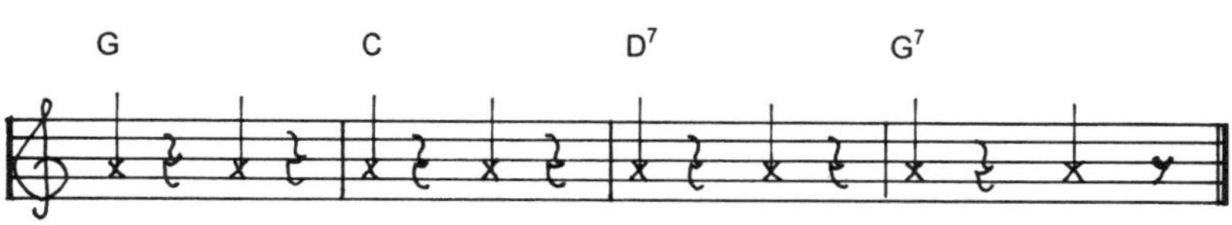


1. in die Hände hauchen
2. Geste des Kratzens + Geräusch mit der Stimme nachahmen
3. Geste des Anschlagens + „klirr" rufen
4. mit den Händen das Ausrutschen andeuten + „flutsch" sprechen

## A. Möglichkeiten der Liedeinführung

### 1. Vorstellung des Liedes

Bevor der Lehrer seiner Klasse das Lied vorsingt, erzählt er von dem „schrecklichen Erlebnis“, das er in der vergangenen Nacht mit seinem Hamster namens Max hatte. Anschließend wird verdeutlicht, wie sich der Hamster (ein musikalisch-rhythmisches Tier!) im Kühlschrank verhalten hat: durch Hauchen in die Hände, die Geste des Kratzens oder das Sprechen der Silbe „klirr, klirr“. Kärtchen an der Tafel markieren die Abfolge der Bewegungen.

Die Kinder hören anschließend das Lied und führen während der vier Takte des Nachspiels die entsprechenden Aktionen durch.

### 2. Erkennen eines rhythmischen Motivs

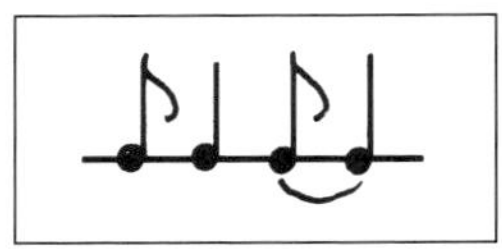

Finde heraus, an welchen Stellen im Lied dieser Rhythmus vorkommt. Das Motiv wird mit den Schülern geklatscht, geklopft, gepatscht usw.

Der Lehrer legt eine Folie mit dem Text der ersten Strophe auf und singt das Lied. Die Schüler lesen während des Singens leise mit und klatschen an den entsprechenden Stellen. Die gesuchten Wörter werden dann durch Unterstreichung auf der Folie markiert:

**Refrain:**

Ich werd' nachts wach und höre Krach, ich denk', ich seh' mal **besser nach**!
Der Mund, der bleibt mir offen steh'n! Was glaubt ihr wohl, hab' ich geseh'n?

Strophe(n):
Mein Hamster Max, der läuft im Kühlschrank rum, ich hör' nur …

Wenn der Lehrer das Lied nun noch einmal singt, können die Schüler den Rhythmus gezielter und kontrollierter ausführen. In gleicher Weise kann man den Kindern die Stelle bewusst machen, an der sich die Melodie in Halbtonschritten nach unten bewegt (bei „besser nach“).

### 3. Singen von einzelnen Liedpassagen

Die Schüler übernehmen singend die im Text unterstrichenen Stellen; der Lehrer führt die restlichen Liedteile aus. Diese Übung fördert (und fordert!) Konzentration, Reaktionsvermögen und Tonvorstellung der Kinder.

### 4. Übernehmen der veränderlichen Liedteile

Die Schüler singen nur die Strophen; dazu legt der Lehrer eine Folie (auch Textblatt) mit dem gesamten Liedtext auf. Die Strophen könnten darauf farblich oder in anderer Schrift hervorgehoben sein.

Beim Singen ist auf das gemeinsame Absprechen des „x“ bei „Max“ sowie auf das „m“ bei „rum“ zu achten. Die Schüler versuchen außerdem, die Passage von „Mein Hamster ...“ bis „rum“ mit einem einzigen Atem zu singen. Der Lehrer führt den Refrain aus: „Ich werd’ nachts wach“.

### 5. Aufführung

Die Klasse singt das gesamte Lied gemeinsam und führt die Aktionen im Nachspiel gestisch und mit Stimme aus. Die Strophen können auch von Solisten übernommen werden. Einige der genannten Aktionen werden durch reale Klänge ersetzt:

1. Strophe: Hauchen in die Hände
2. Strophe: Kratzen an Kartons
3. Strophe: Spielen auf Gläsern oder Flaschen
4. Strophe: Sprechen „flutsch“

An den Stellen, wo der eingeübte Rhythmus vorkommt, spielen Holzblock- oder Handtrommeln mit. Diese Motive können zusätzlich in das Nachspiel mit einbezogen werden. So entsteht eine rhythmische Zweistimmigkeit:

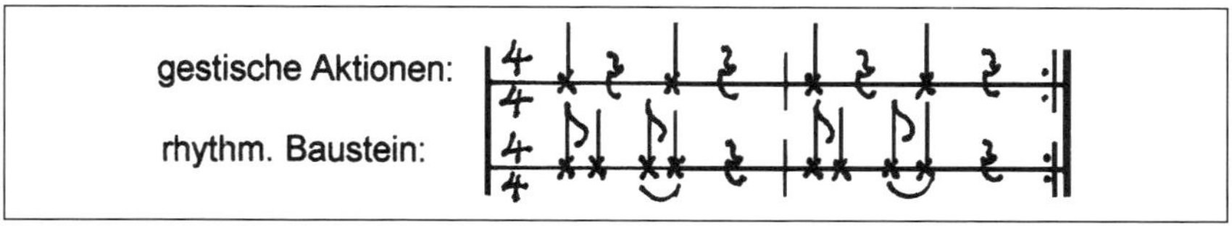


## B. Möglichkeiten der Weiterarbeit

Die Strophen dieses Liedes sind geeignet, die Schüler selbst weiterdichten zu lassen, da hier keine passenden Reimwörter, sondern lediglich der richtige Wortrhythmus gefunden werden muss. Im heimischen Kühlschrank finden die „Dichter“ sicherlich Anregungen für weitere Strophen: Joghurtbecher (kratzen), Ketchup- oder Majonäse-Flaschen (spritzen), Wurst (Haut abziehen), Meerrettich oder scharfer Senf (würgen).

Indem die Kinder ihre gefundenen Texte singen, können sie die Stimmigkeit ihrer dichterischen Ergebnisse selbst überprüfen.

## Das Gummibärenlied

Text und Musik: Georg „FERRI“ Feils

**Vorspiel / Zwischenspiel**

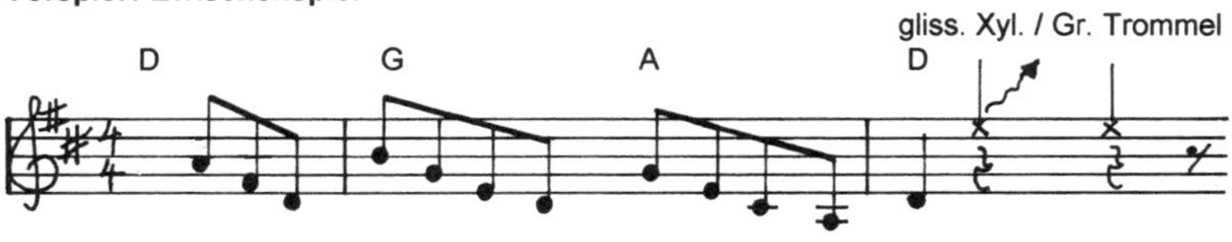


**Lied**

1. Ich kenn 'nen Bär, der hat kein Fell und brummt nicht mal e—ven—tu—ell---.
2. Es ist kein Brom- und auch kein Blau-, kein Prei---sel-, Sta-chel-, Erd-, kein Sau-,
3. So ziem-lich klein und kun—ter--bunt, zu viel da----von sind un----ge--sund.
4. Und wer zu viel da---von ver--zehrt, für den hat's „aus---ge--gum—mi--bärt“!

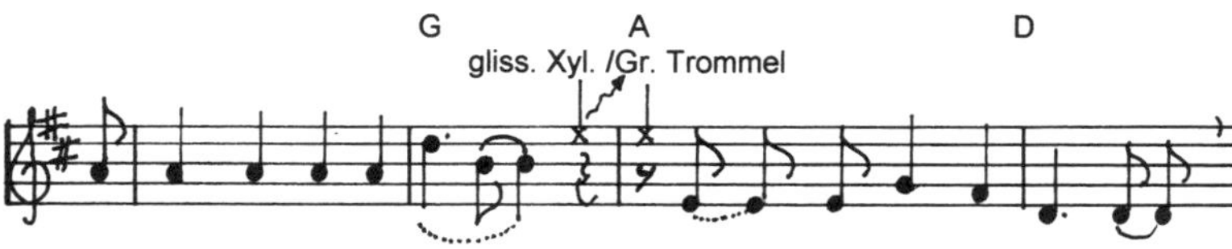


Er wohnt in ei--ner Tü---te, ach-----, du mei---ne Gü----te-!
kein Hei---del--bär ist er------, er ist ein Gum--mi---bär--- ---!
Nass klebt er ganz gut----, so--gar auf O----mas Hut------.
Ach, du lie—ber Schwan, dem bohrt man dann im Zahn----!

**Refr.:** Das ist der Gum-mi-, Gum-mi-, Gum-mi-, Gum-mi-, Gum-mi-bär, has--te ei---nen,
Das ist der... gell, da guckste,

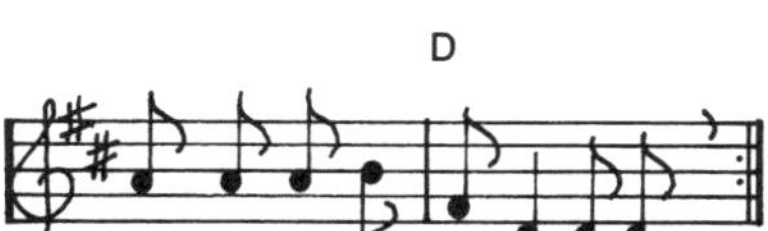


wills---te ei--nen Gum-mi--bär.
ruck-zuck ist die Tü—te leer!

# Möglichkeiten der Liedeinführung

## 1. Hinführung

Der Text des Liedes liest sich (mit Ausnahme des Refrains und der zweiten Strophe, Takt 7 und 8) wie ein Rätsel. Dies sollte man in jedem Fall aufgreifen: Der Lehrer singt der Klasse die entsprechenden Stellen vor und lässt anschließend die Kinder vermuten, um was für ein seltsames Tier es sich hier wohl handeln könnte.

Die Lösung wird in Textstreifen an die Tafel geheftet. Zusätzlich können die einzelnen Silben gemäß des Melodieverlaufs angeordnet werden (siehe unten). Die zweite Zeile des Refrains wird in gleicher Weise gestaltet. Wer zeichnerisch begabt ist, kann den Kindern zusätzlich ein Gummibärchen an die Tafel malen.

Gum-mi-
der
ist Gum-mi-, nen
Das Gum-mi-, has-te ei-nen, wills-te ei-
bär,
Gummi-, mi- Gum-
Gum-
mi-bär.

## 2. Erarbeitung des Refrains

Finde heraus, an welchen Stellen des Refrains dieser Rhythmus vorkommt:

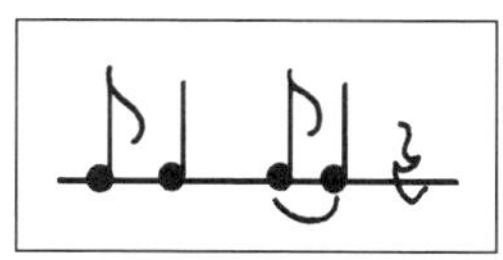

Zur Festigung des rhythmischen Motivs wird es geklatscht, gepatscht, gestampft usw.

Der Lehrer singt (spielt) den Refrain; die Schüler patschen an den gesuchten Stellen.

Die Lösungswörter „Gummibär“ und „Tüte leer“ werden unter dem Rhythmuskärtchen angebracht. Um die „musikalische Reaktionsfähigkeit“ zu testen, musiziert der Lehrer den Refrain, die Schüler übernehmen singend ausschließlich die Wörter „Gummibär“ und „Tüte leer“.

Nach einem kurzen Texträtsel (der Lehrer spielt den Refrain ein Stück weit an, die Kinder lesen leise mit und stellen fest, bei welchem Wort die Melodie abgebrochen wurde) kann der Refrain mit der gesamten Klasse gesungen werden. An dieser Stelle bietet es sich an, den Refrain quasi als nachträgliches Einsingen einzusetzen, indem er in verschiedenen Tonlagen gesungen wird.

### 3. Arbeit am Text

Der Lehrer teilt die Liedblätter aus oder präsentiert den Text auf Folie. Der Text des Liedes ist so gestaltet, dass es sich lohnt, ihn mit den Schülern genauer zu erkunden: etwa das Wortspiel „Bär“ und „Beer(e)“, die „Wohnung“ des Bären, das Ankleben auf dem Hut der Oma, die Warnung vor übermäßigem Genuss usw.

### 4. Erarbeitung der Strophen

Auch in den Strophen hat sich der „Gummibär“ mit seinem Rhythmus (siehe Punkt 2) versteckt. Der Lehrer musiziert die Strophen, die Schüler schnipsen an den gesuchten Stellen. (*Lösung:* Das rhythmische Motiv findet sich im zweiten und vierten Takt, z.B. bei den Wörtern „hat kein Fell“ und „(e-)ventuell“.)

Da der Refrain bereits bekannt ist, kann er jeweils – anschließend an die vom Lehrer ausgeführte Strophe – von der ganzen Klasse übernommen werden.

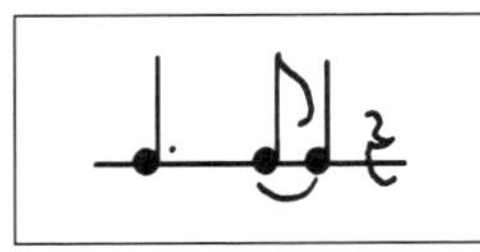

Der Rhythmus im vierten und achten Takt („Tüte“ und „Güte“) scheint durch die Art der Notation schwierig. Die Erfahrung zeigt jedoch: Wenn der Lehrer die entsprechenden Stellen stets exakt vorsingt bzw. vorspielt, sind die Kinder problemlos in der Lage, das Motiv richtig auszuführen.

Andernfalls können die Stellen auch in folgender Weise (wie im Original ursprünglich notiert) gesungen werden:

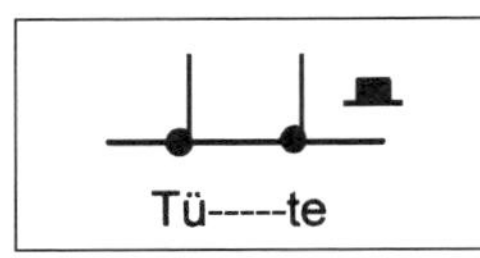


Die rhythmischen Einwürfe in den Pausen (Ende des Vorspiels sowie nach dem Wort „Tüte“) werden zunächst mit Klanggesten oder lautmalerischen Wortsilben ausgeführt:

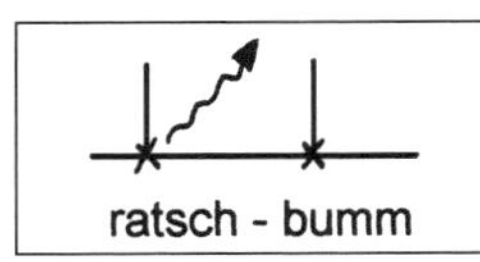


### 5. Spielen auf Instrumenten

Jeder dritte oder vierte Schüler (je nach Anzahl) erhält ein rhythmisches Instrument. Der Einsatz erfolgt an folgenden Stellen:

a) Xylophon und große Trommel = in den Pausen
b) Holzblock oder Claves = bei „hat kein Fell“ und „(e-) ventuell“
c) Becken oder Triangel = bei „Tüte“ und „Güte“

Der Lehrer übernimmt letztmalig die Melodie (singend oder auf einem Instrument); die Schüler konzentrieren sich auf den Einsatz ihrer Instrumente. Wer keines zugeteilt bekommen hat, musiziert vermittels Klanggesten bzw. lautmalerischen Silben mit. Nach jeder Strophe werden die Instrumente getauscht, indem man sie im Kreis weiterreicht. Der abgebende Schüler erklärt seinem Nachfolger, wann der Einsatz des jeweiligen Instrumentes zu erfolgen hat.

### 6. Singen des Liedes

Bevor die Schüler die Strophen singen, wird der Text – dem Rhythmus der Musik gemäß – in verschiedener Weise gesprochen:

a) leise – laut
b) aufmerksam wie ein Musterschüler – uninteressiert
c) tief wie Obelix – hoch wie ein Zwerglein
d) wie ein Gummibär (wer schafft das?)

Das Singen erfolgt anschließend in unterschiedlichen Schwierigkeitsstufen:

a) ohne Instrumente (dabei können sich die Schüler am besten auf richtige Intonation und gutes Sprechen konzentrieren)
b) eine Hälfte der Klasse singt, die andere Hälfte spielt mit Instrumenten
c) Singen und gleichzeitiges Instrumentalspiel

Für eine öffentliche Aufführung des Liedes bieten sich folgende Möglichkeiten an:

a) Die Kinder verkleiden sich als Gummibären.
b) Der Refrain wird zusätzlich mit Bewegung unterstützt (z.B. rhythmische Wellenbewegungen mit den Armen; Richtungswechsel jeweils nach zwei Takten).
c) Am Schluss ziehen die Schüler aus ihren Hosentaschen Tütchen mit Gummibären, werfen diese ins Publikum oder futtern die begehrten Tierchen selbst auf.

## Katzen-Disco-Fever-Song

(Kanon)

Text, Melodie und Satz: Helmut Maschke

**Vorspiel**

**Kanon**

**Ostinate Begleitung**

## Möglichkeiten der Liedeinführung

### 1. Erkennen der Liedform

Der Lehrer stellt den Schülern den Kanon mit folgenden Aufgabenstellungen vor:

a) Finde heraus, wie viele Teile das Lied (der Kanon) aufweist! (*Lösung:* Der Kanon besteht aus drei Teilen. Zur Verdeutlichung präsentiert der Lehrer drei Textstreifen an der Tafel oder als Folie – evtl. in verschiedenen Farben –, die später als Texthilfe für das Singen dienen.)

b) Stelle auch fest, bei welchem Wort der höchste Ton der Melodie vorkommt. (*Lösung:* Der höchste Ton der Melodie liegt im dritten Teil bei dem Wort „den". Wenn die Textstreifen so gestaltet sind, dass durch die Anordnung der Wortsilben auch der Melodieverlauf zu ersehen ist, kann damit die Antwort verdeutlicht werden. Auf diese Art der Darstellung kann auch später immer wieder zurückgegriffen werden.)

Unklare Begriffe wie „jüngst" müssen den Kindern erläutert werden.

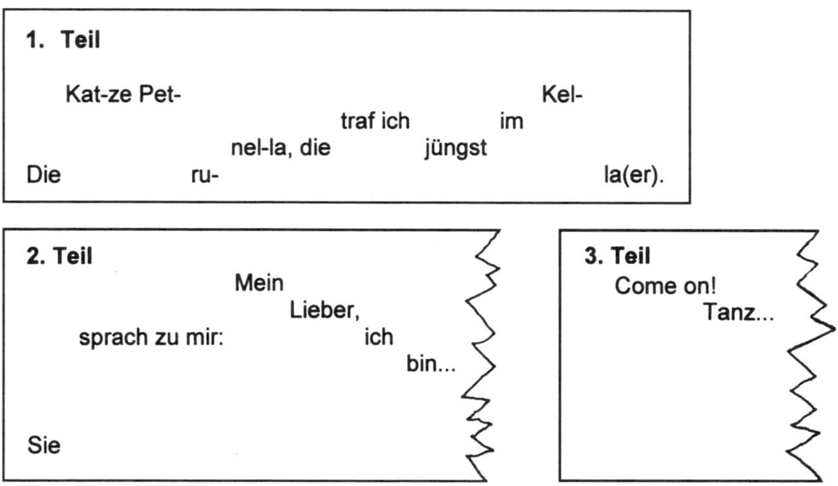


### 2. Erarbeitung der Tanzform

Der Lehrer erzählt den Kindern von seiner Begegnung der besonderen Art, als er kürzlich im Discokeller die Katze Petrunella getroffen hat. Sie hätte ihm als erfahrene Discokatze folgende Bewegungen beigebracht, die jetzt auch die Kinder lernen sollten:

Die Schüler nehmen Aufstellung im Kreis und konzentrieren sich auf die Ausführung der Bewegungsformen. Der Lehrer singt oder spielt zu den Übungen immer wieder den ganzen Kanon dazu.

1. Teil: Patschen mit der rechten Hand im Metrum (Viertel) auf die Oberschenkel
2. Teil: Schnipsen in Halben, nach rechts beginnen
3. Teil: Winken in Halben (mit Nachfedern), beide Arme erhoben, nach rechts beginnen

Als Zusammenfassung dieses Arbeitsabschnitts führen die Jungen den Mädchen, die Sommerkinder den Winterkindern ... die gesamte Tanzform vor. Gibt es Gruppen, die den Tanz bereits im Kanoneinsatz aufführen können? Die Kinder konzentrieren sich ausschließlich auf die Bewegung (ohne Gesang); als Hilfe dient die Musik vom Tonträger.

### 3. Vorbereitung der Instrumentalbegleitung

Durch die Übung mithilfe von Klanggesten werden die Kinder auf den motorischen und rhythmischen Ablauf der Begleitung vorbereitet. Ein großer Vorteil besteht zusätzlich darin, dass dabei alle Schüler aktiv sein können. Folgende Ausführungen kommen den vorgegebenen Begleitformen am nächsten:

Sopran-Xylophon:

Alt-Xylophon 1:

Alt-Xylophon 2:

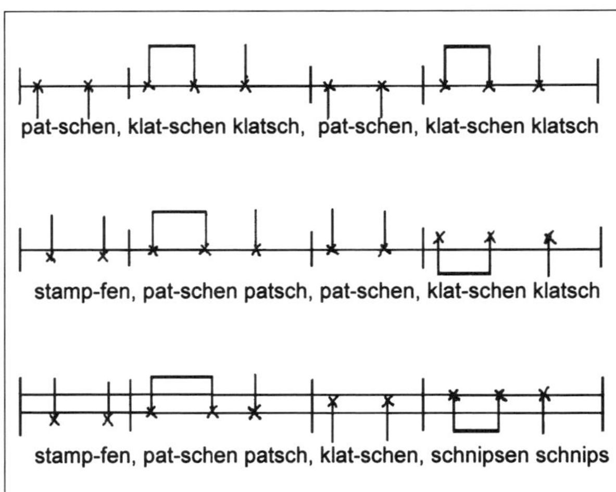


Wichtig ist, dass die Schüler den Rhythmus, der sowohl beim Sopran- als auch bei den Alt-Xylophonen zu spielen ist, verinnerlicht haben. Eine

Übertragung auf die richtigen Töne wird dadurch erleichtert, dass der Lehrer bereits vor dem Unterricht die Stäbe mit Farbpunkten beklebt oder die nicht benötigten Töne herausnimmt. Zu allen Übungen spielt/singt der Lehrer die Melodie des Kanons.

### 4. Spielen auf Instrumenten

Je nach Anzahl erhält jeder dritte oder vierte Schüler ein Instrument; dabei ist zu beachten, dass immer mit zwei Schlägern gespielt wird (daher die zweistimmige Notation). Der Lehrer zeigt den Schülern bei der Übergabe des Instruments kurz, wie der geübte Rhythmus auf die vorgegebenen Begleitakkorde übertragen wird. Wer kein Instrument bekommen hat, spielt weiterhin mithilfe von Klanggesten mit. Nach einer Strophe werden die Instrumente im Kreis weitergegeben und die Schüler erklären ihrem Nachbarn, welche Töne zu spielen sind. Die Bass-Begleitung übernimmt ein Schüler (Hausaufgabe?) auf dem Keyboard oder einem anderen tiefen Instrument. Die Melodie könnte auch mit allen Schülern geübt werden, indem man das Motiv auf die Tonsilbe „bomm“ singt. Zu jedem Durchlauf spielt oder singt der Lehrer die Liedmelodie dazu.

### 5. Singen des Kanons

Der Text des Kanons wird im Rhythmus gesprochen, geflüstert usw. Der Lehrer spielt einen beliebigen Melodieteil und lässt die Kinder den dazugehörigen Text herausfinden. Sie lesen ihn rhythmisch korrekt vor.

Beim gemeinsamen (einstimmigen) Singen des Liedes sollte auf die Intonation, die gute Aussprache und das Atmen nur am Ende einer Liedzeile geachtet werden. Zur Übung kann man den Kanon in verschiedenen Tonarten singen.

Dann können alle Mädchen, Jungen, alle Besitzer eines Haustiers, alle Jeansträger usw. singen. Oder der Lehrer teilt die Klasse in drei Gruppen auf, jede Gruppe übernimmt nacheinander jeweils nur eine Zeile des Liedes.

Bei zunehmender Sicherheit könnten die Gruppen einen ersten Versuch des Kanonsingens starten: Jede Gruppe ist nur für eine Zeile des Liedes zuständig und wiederholt diese immer wieder. Der Lehrer gibt nacheinander die Einsätze und kann dadurch jeder Gruppe eine Zeit lang singend Hilfe zukommen lassen.

In der Endfassung sollte allerdings die übliche Aufführungspraxis angestrebt werden: Jede Kanongruppe singt das vollständige Lied, also alle Teile.

# 3. Lied des Dakotahäuptlings Regengesicht

(Indianerlieder)

*Nina Brötzmann*

# Indianerspiel aus Kanada

Text und Musik: mündlich überliefert
Begleitsatz: Helmut Maschke

**Lied**

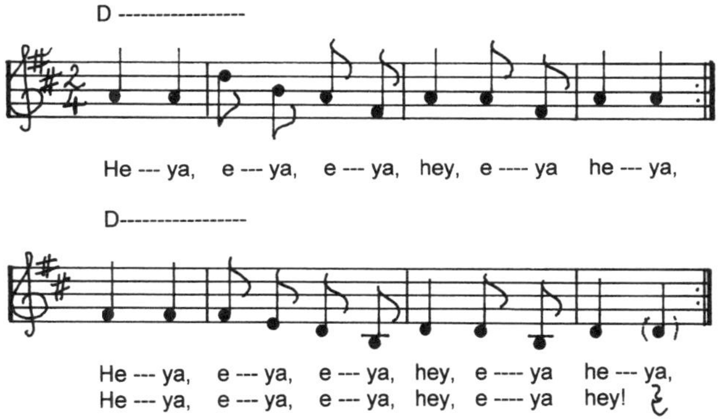


**Ostinate Begleitung**

**Spielanleitung**

Eine Gruppe kniet im Kreis, singt das Lied und reicht dabei 2 bis 3 Steinchen (Nüsse, Kastanien...) gegen den Uhrzeigersinn weiter. Man führt währenddessen folgende Bewegungen aus:

 zweimal mit den Fäusten beider Hände auf den Boden klopfen

 Arme kreuzen, wiederum zweimal klopfen (dabei werden die Steinchen von der linken in die rechte Hand gewechselt.

 zweimal mit den Fäusten beider Hände auf den Boden klopfen

 beide Hände öffnen; die linke Hand (mit der Innenfläche nach oben) greift nach der rechten Hand des linken Nachbarn; die rechte Hand (mit der Innenfläche nach unten) fasst nach der linken Hand des rechten Nachbarn und gibt den Stein weiter

## A. Möglichkeiten der Liedeinführung

### 1. Einführung

Die Schüler stehen im Kreis; der Lehrer spricht zu seiner Klasse wie ein Indianerhäuptling zu seinem Stamm:

Die großen Büffelherden sind weitergezogen, in den Jagdgründen ist es stiller geworden. Schon lässt der Feuerball des Himmels seine Lichterpfeile mit geringerer Kraft von seinem Bogen schnellen. Manitou, der Herr über Leben und Tod, schenkte uns ein gutes Jahr. Darum, ihr Krieger und ihr Squaws, lasst uns ein großes „Potlach" feiern (der indianische Häuptling gab mithilfe seiner Leute für viele Gäste ein Geschenkfest)! Verlasst eure Wigwams, begrabt die Kriegsbeile und legt den schönsten Federschmuck an! Die Geister unserer Vorfahren werden mit uns sein: Winnetou, Tataka Yotanka und Geronimo! Heya!

### 2. Erarbeitung der Spiel- und Bewegungsform

Mit diesem „Heya!" wendet sich der Lehrer seinen Stamm in der Indianersprache des Liedes zu und erweitert den Wortlaut allmählich bis hin zum vollständigen Text. Zunächst geschieht dies frei metrisch wie in einem Gespräch. Die Kinder antworten ihrem Häuptling auf die gleiche Weise (= Text wiederholen).

Anschließend spricht der Lehrer den Text rhythmisch gebunden. Die Kinder wiederholen die Wörter. Wichtig ist, dass am Ende der vierten Zeile nur das einsilbige „hey!" steht. Alle knien in der Kreisform auf dem Boden. Die Indianer führen die Bewegungen wie in der Spielanleitung beschrieben aus; zunächst wird kein Gegenstand weitergegeben.

Der Lehrer singt das Lied, die Kinder konzentrieren sich auf die Bewegungen. Sobald die motorisch-rhythmische Abfolge der Bewegungen gesichert ist, kann der erste Stein zum Weiterreichen in der Runde eingesetzt werden. Später kommt ein zweiter, dritter usw. hinzu.

### 3. Singen des Liedes

Im Stehen (ohne die Spielbewegungen) singt nun der Indianerstamm sein Lied:

a) Der Lehrer ist der Vorsänger, die Kinder wiederholen (Achtung: Schluss vierte Zeile!).
b) Die Mädchen sind die Vorsänger, die Jungen singen nach.
c) Ein Solist darf Häuptling sein; alle anderen sind sein Indianerstamm und wiederholen die Liedzeile.
d) Alle singen gemeinsam.

e) Sobald die Kinder das Lied sicher beherrschen, werden die Spielgesten mit einbezogen und kleine Gegenstände weitergereicht.

### 4. Vorbereitung der Instrumentalbegleitung

Die Vorbereitung des Instrumentalspiels geschieht mithilfe von Klanggesten:

a) Die Kinder sitzen im Kreis und patschen (dies ist dann auch exakt der identische motorische Ablauf wie beim Spielen auf einem Xylophon) den Rhythmus der Xylophonbegleitung. Dazu wird zur Unterstützung ein Text gesprochen.

b) Der Begleitrhythmus der Trommeln wird gestampft und geklatscht. Auch hier hilft ein Text bei der Ausführung des rhythmisch-motorischen Ablaufs.

c) Der Lehrer teilt die Klasse in zwei Gruppen auf; jede Gruppe übernimmt einen anderen Rhythmus. Nach zwei Durchgängen wird getauscht.
d) Die Lehrkraft singt/spielt zu jeder Übung das Lied dazu.
e) Wer schafft es, den Rhythmus zu klatschen und gleichzeitig zu singen?

### 5. Spielen auf Instrumenten

Die Instrumente werden an jeden dritten oder vierten Schüler ausgegeben (je nach Anzahl).

Die nicht benötigten Töne des Bass-Xylophons werden herausgenommen oder umgedreht. Die Ausführung des Trommelrhythmus fällt leichter, wenn ein Schüler beide Trommeln spielt. Die anderen Kinder musizieren mit Klanggesten mit oder singen das Lied.

Nach einer Strophe werden die Instrumente im Kreis an den Nachbarn weitergegeben; der Tausch erfolgt so lange, bis jeder Schüler wenigstens einmal Instrumentalist sein durfte.

### 6. Aufführung des Indianerspiels

Einige Schüler übernehmen die Instrumentalbegleitung; die anderen knien im Kreis, singen das Lied und lassen einige Nüsse, Steine o.Ä. kreisen. Bevor die Indianer mit dem Gesang einsetzen, erklingt als Vorspiel mehrmals die ostinate Begleitung. Im Laufe der Zeit kann das Tempo gesteigert werden. Dadurch erhöht sich die Schwierigkeit beim Weiterreichen der Gegenstände. Wer einen Stein fallen lässt, muss ausscheiden. Er wartet außerhalb des Kreises so lange, bis dem Nächsten das gleiche Missgeschick passiert. Dann wird der Platz gewechselt.

Bei geübten Gruppen steht ein „Detektiv" außerhalb des Kreises. Er hat die Aufgabe herauszufinden, bei welchem Spieler sich der Stein (während er von Kind zu Kind möglichst unauffällig weitergegeben wird) im Augenblick befindet. Wer ertappt wird, muss den Platz mit dem „Detektiv" tauschen.

## B. Möglichkeiten der Weiterarbeit

Um ein richtig abenteuerliches Indianerfest zu feiern, braucht man noch einige andere Lieder und Musik:
a) andere Lieder (z. B. „Lied des Dakotahäuptlings Regengesicht")
b) indianische Musik (z. B. „Indianertänze", eres Nr. 1804, Eres-Edition Lilienthal/Bremen).

Für das fächerübergreifende Arbeiten bieten sich zusätzlich folgende Texte und Arbeitsmaterialien an:
- Frederik Hetman, Indianermärchen aus Nordamerika, Fischer Verlag 2000
- Ursula Wölfel, Fliegender Stern, Carlsen Verlag, Hamburg 2007
- Dazu gibt es im Schroedel Verlag ein Lese-Begleitheft von Michael Kirch.
- Schattenspiel „Der Junge, der die Sonne fing", in: Helmut Maschke, Der musikalische Sprechzirkus, Auer-Verlag 2000
- Julia Bracke/Anja Walter, Arbeitsmappe „Lernwerkstatt Indianer", Buchverlag Kempen 2006
- „Indianer-Leben", Indianer-Werkstatt, Autor: Ruben Philipp Wickenhäuser, http://www.indianer-leben.de
- Themenheft „Indianer und Cowboys", Grundschule Musik Nr. 16/2000, Lugert-Verlag

## Lied des Dakotahäuptlings Regengesicht

Text: Christa Reinig
Musik: Helmut Maschke

**Vorspiel / Zwischenspiel**

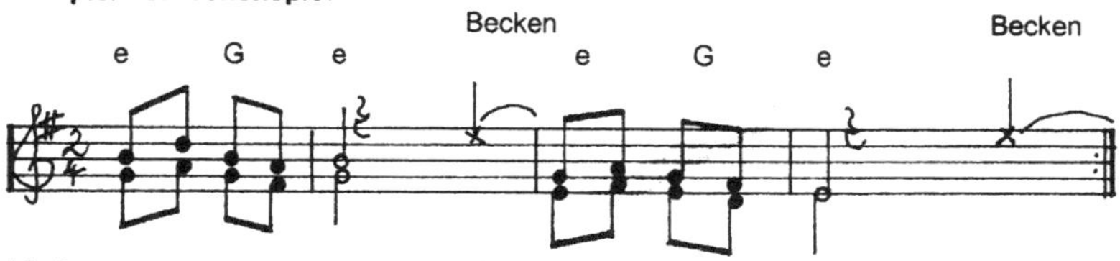


**Lied**

2. Regenpfeifer pfeift dem Regen, pfeift dem Regen ins Gesicht,
warum Pfeifer pfeift dem Regen, wissen Pfeif und Regen nicht.

**Ostinate Begleitung**

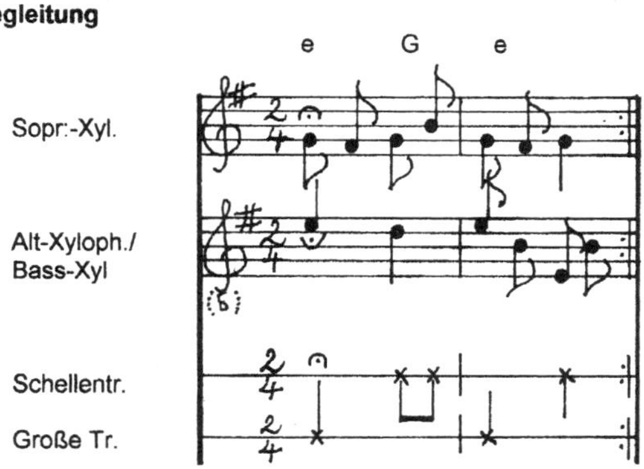

## A. Möglichkeiten der Liedeinführung

### 1. Arbeit am Text

Der Lehrer leitet das Lied mit diesen Worten ein: Seit vielen Wochen hat es nicht geregnet, das Gras der Prärie ist verdorrt, Tiere und Menschen leiden unter großem Durst. Deshalb flehen die Indianer um den erlösenden Regen und beschwören Manitou, ihnen seine Hilfe zu senden.

Dann präsentiert der Lehrer den Liedertext an der Tafel oder auf Folie.

Die Klasse spricht den Text auf verschiedene Weise: langsam, schnell, flehendlich, düster. Die Strophen werden rhythmisch skandiert, dazu gehen die Kinder im Kreis (in Vierteln, besser noch in Halben). Der Lehrer spielt den Begleitrhythmus der großen und kleinen Trommel dazu. Dies festigt Tempo, Metrum und Rhythmus; gleichzeitig unterstützt der Trommelklang die Atmosphäre des Indianerdorfes.

### 2. Höraufgaben zum Vorstellen des Liedes

Damit die Schüler das Lied bewusster hören, stellt der Lehrer folgende Höraufgaben:

a) Gibt es im Lied Melodieteile (Motive), die sich wiederholen?
   (*Lösung:* In der ersten Zeile kommt das eintaktige Motiv dreimal vor, in der zweiten Zeile zweimal. Die Melodie in der zweiten Zeile ist eine Sequenz der ersten (= Wiederholung des Motivs um eine Quint höher). Als Bestätigung bringt der Lehrer zwei unterschiedlich farbige Melodiestreifen an der Tafel an, auf denen der Verlauf der Töne mit Federn dargestellt ist (siehe unten). Die Streifen werden mithilfe der Kinder in die richtige Reihenfolge gebracht. Dazu spielt der Lehrer nochmals das Lied.)

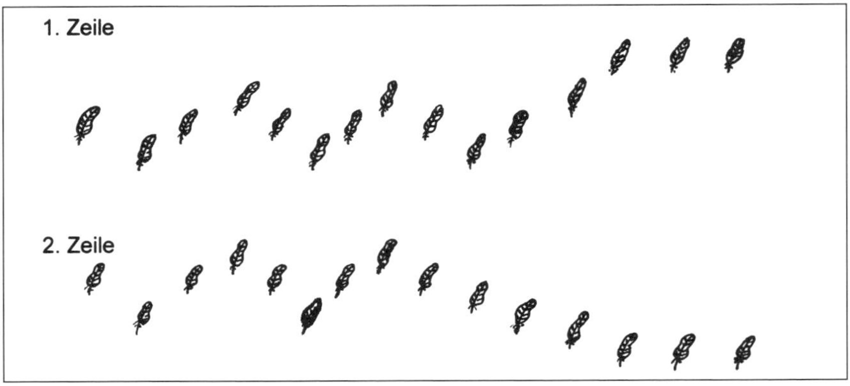

b) An welcher Stelle kommt folgender rhythmischer Baustein vor (sollte zuvor geübt = z. B. geklatscht werden)?

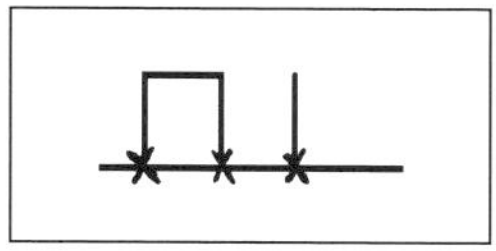

(*Lösung:* Der gesuchte rhythmische Baustein kommt jeweils am Ende einer Zeile vor. Ein Symbol, zusätzlich an den Melodiestreifen angebracht, bestätigt die getroffene Feststellung. Der Lehrer spielt das Lied, die Kinder klatschen an den bezeichneten Rhythmusstellen.)

**3. Erarbeitung der Begleitung**

**a) mithilfe von rhythmischen Textzeilen**

Der Lehrer führt die rhythmischen Textzeilen zunächst gemeinsam mit der ganzen Klasse ein. Erst dann, wenn der Rhythmus gesichert ist, kann in zwei bzw. drei Gruppen aufgeteilt werden. Somit entsteht ein dreistimmiges Sprechstück im Rhythmus der Begleitinstrumente. Das Ganze klingt wiederum wie eine Beschwörung des Regengottes.

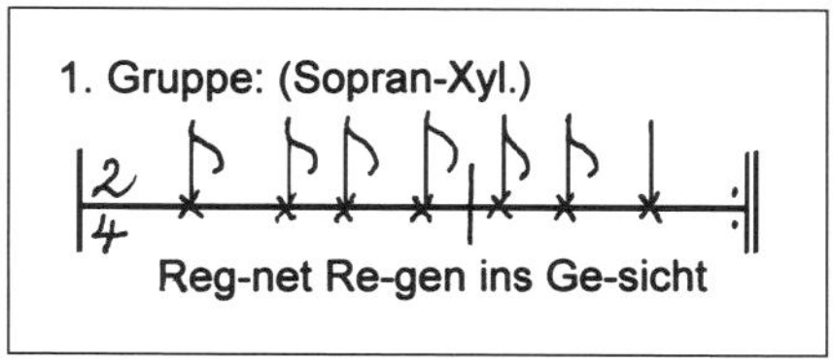


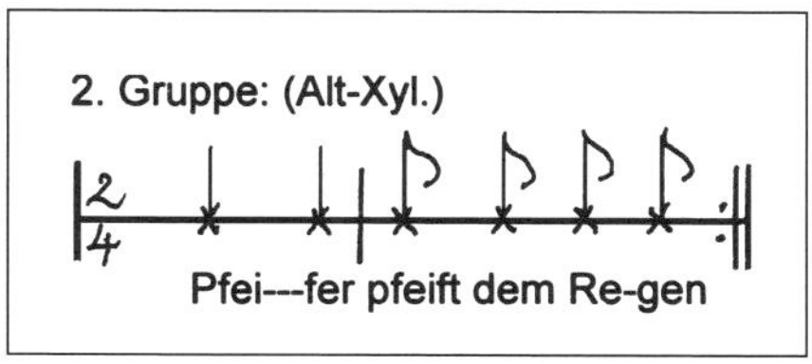


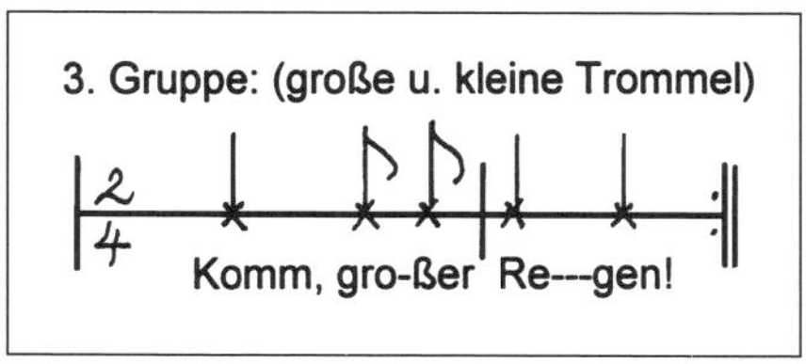


Der Lehrer singt/spielt während der Übungen das Lied dazu. Anschließend erhalten die Kinder den Auftrag, zu erproben, wie im Rhythmus der o. a. Sprechzeilen gelaufen, gehüpft und getanzt werden kann. Dann wird die Klasse in drei Gruppen eingeteilt; die Kinder nehmen jeweils in Kreisform Aufstellung. Jede Gruppe spricht einen der aufgeführten Texte und läuft im Rhythmus dazu. Die Gruppen sollten nacheinander einsetzen; auf diese Weise kann der Lehrer einige Takte lang Hilfestellung leisten. Es entstehen ein Indianertanz und gleichzeitig ein dreistimmiges Sprechstück im Rhythmus der Begleitinstrumente. Auch zu diesen Übungen lässt die Lehrkraft das Lied erklingen.

**b) mithilfe von Klanggesten**

Alternativ zur Einführung mit getanzten Sprechrhythmen bietet sich die Möglichkeit an, den rhythmisch-motorischen Ablauf der Begleitung mit Klanggesten vorzubereiten. Doch auch in diesem Fall sollte der unter a) vorgeschlagene Text stets dazu gesprochen werden.

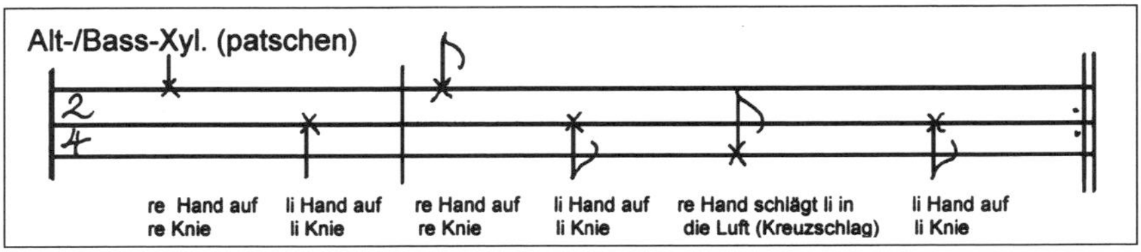


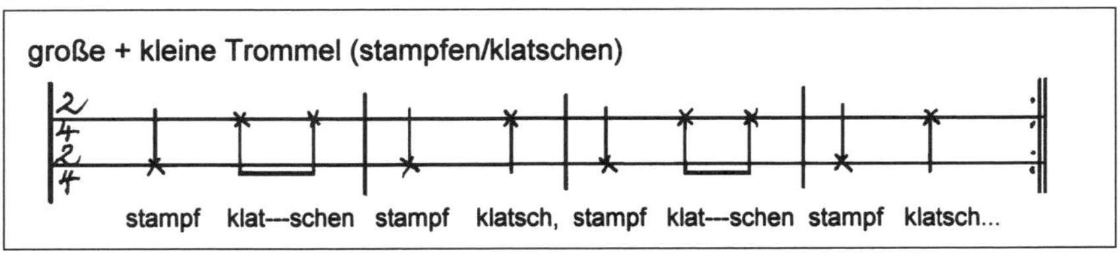


Wenn der motorische Ablauf gefestigt ist, werden die Kinder in drei Gruppen eingeteilt. Durch das Übereinanderschichten von Patschen, Klatschen und Stampfen entsteht ein rhythmisches Stück. Zu jeder Übung spielt/singt der Lehrer das Lied.

## 4. Spielen auf Instrumenten

Die Xylophone müssen vor dem Unterricht präpariert werden (die nicht benötigten Tonstäbe herausnehmen/mit Farbpunkten bekleben). Je nach Anzahl erhält wieder nur jeder dritte oder vierte Schüler ein Instrument. Dabei zeigt der Lehrer den Schülern, auf welche Töne der geübte Rhythmus zu übertragen ist. Wer kein Xylophon und keine Trommel zugeteilt bekommen hat, spielt weiterhin mithilfe von Klanggesten mit. Nach einer Strophe werden die Instrumente im Kreis weitergegeben und die Schüler erklären ihrem Nachbarn, welche Töne zu verwenden sind. Der Lehrer spielt/singt immer wieder das Lied dazu.

### 5. Singen des Liedes

Die Melodie hat sich bei den Kindern mittlerweile so gut eingeprägt, dass sie das Lied ohne Probleme singen können. Man kann dem gemeinsamen Singen aber auch noch zwei Rätsel voranstellen:

- Texträtsel: Auf einem Instrument spielt der Lehrer die Melodie ein Stück weit an. Die Kinder lesen den Text leise mit und stellen fest, bei welchem Wort die Melodie abgebrochen wurde.
- Melodierätsel: Der Lehrer musiziert die beiden Liedzeilen wechselweise vor. Die Kinder sollen erkennen, um welche Zeile es sich handelt.

Beim gemeinsamen Singen ist auf deutliches Sprechen und richtige Tongebung zu achten. Ein richtiger Indianer atmet außerdem nur am Ende einer Zeile! Wer schafft es, beim Singen einen der geübten Begleitrhythmen mitzuspielen?

### 6. Aufführung

Ein Teil der Schüler übernimmt den Instrumentalpart, der andere den Gesangspart. Die Vor- und Zwischenspiele der Melodieinstrumente sollten, damit sie leichter und ohne Zeitaufwand eingesetzt werden können, zuvor als Hausaufgabe (oder in der Blockflötenstunde) geübt werden. Sänger und Instrumentalisten tauschen ihre Aufgaben. Aufgrund der o.a. methodischen Vorgehensweise ist dieser Wechsel jederzeit möglich. Als zusätzliche Motivation und zur Steigerung der Konzentration könnte eine Tonaufnahme des Liedes gemacht werden. Mutige Klassen führen anderen Lehrern, Schülern oder auch dem freundlichen Hausmeister ihr Lied vor.

## B. Möglichkeiten der Weiterarbeit

Die Indianer hatten eine enge Beziehung zur Form des Kreises, er war ihnen sogar heilig: Die Sonne und der Vollmond sind rund, die Vögel bauen ihre Nester in Kreisform und auch der Lauf der Jahreszeiten ist wie ein Kreis. Darum wurden alle Versammlungen im Kreis abgehalten und die Tipis in Kreisform aufgestellt. Auch ihre Tänze führten die Indianer im Kreis aus:

Jeder Indianer trägt einen Speer. Als Ausgangsform gruppieren sich die Tänzer zu dritt. Zwei halten die Speere so, dass die Form eines Zeltes entsteht, der dritte sitzt in der Mitte des angedeuteten Wigwams. Die Gruppen verteilen sich frei im Raum.

Beim Vorspiel setzen die Instrumente nacheinander (= terrassendynamisch) ein. Kurz vor Ende des Vorspiels lösen sich die Gruppen auf. Alle Indianer stellen sich in einem Kreis zusammen.

**Erste Strophe:** Die Tänzer bewegen sich in Halben in Tanzrichtung auf der Kreisbahn vorwärts. Die Speere werden dabei wechselweise einmal nach unten und einmal nach oben gestoßen (mit Nachwippen).

**Zwischenspiel:** Die Speere werden sternförmig zur Kreismitte gehalten und dabei langsam nach unten (Takt 1 bis 4) und wieder nach oben bewegt (Wiederholung Takt 1 bis 4).

**Zweite Strophe:** Die Indianer halten ihre Speere an beiden Enden und wenden sich paarweise einander zu. Mit dem gegenüberstehenden Tänzer werden die Waffen zweimal gekreuzt gegeneinander gestoßen. Jeder hält seinen Speer im 45-Grad-Winkel (linke Hand unten, rechte Hand oben). Anschließend drehen sich die beiden Indianer voneinander weg und kreuzen mit dem neuen Partner die Speere. Rhythmisch läuft die Bewegung folgendermaßen ab:

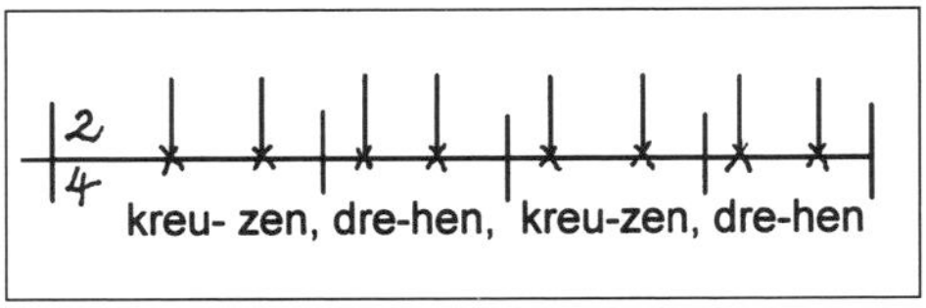


**Nachspiel:** Während des Nachspiels löst sich der Kreis auf. Die Tänzer begeben sich in die Ausgangsposition (Zelt) zurück.

# 4. Tante Trude Trippelstein

(Lieder von Tanten)

*Johanna Posch*

# Tante Trude Trippelstein

Text: Lea Smulders
Melodie: Heinz Lemmermann

2. Doch ist Regen angesagt und ein jeder brummt und klagt,
ruft sie: „Ich verdiene!" mit zufried'ner Miene.
Wenn es draußen plitscht und platscht
Und der Regen klitscht und klatscht,
wird die Tante – wie famos! –
/:Regenschirme:/ Regenschirme los:
Sonnenschein darf nicht sein...

Vorspiel : H. Maschke

## Möglichkeiten der Liedeinführung

### 1. Hinführung

Der Lehrer führt in das Lied mit einem Rätsel ein. Er erzählt den Kindern von Tante Trippelstein, die Sommer und Sonnenschein nicht mag, an schönen Tagen sogar Bauchweh bekommt und immer wieder singt: „Sonnenschein darf nicht sein". Welchen Beruf könnte diese Tante wohl haben?

Dazu singt der Lehrer den Refrain, die Schüler stellen erste Vermutungen an. Der Lehrer erzählt weiter: Erst dann, wenn Regen angesagt ist, zeigt sich Tante Trude zufrieden und glücklich, denn schließlich verdient sie Geld, wenn es draußen plitscht und platscht. Noch einmal singt der Lehrer den Refrain vor und die Kinder raten weiter. Schließlich schreibt der Lehrer den Namen und den Beruf der Tante an die Tafel:

**Tante Trude Trippelstein – Regenschirmverkäuferin**

### 2. Erarbeitung des Refrains

Es beginnt mit einer Höraufgabe: Finde heraus, wie oft der rhythmische Baustein im Refrain vorkommt und klatsche an den entsprechenden Stellen.

(*Lösung:* Das Motiv ist fünfmal zu hören. Dies kann auf einem Wortstreifen, auf dem der Text des Refrains steht, verdeutlicht werden, siehe unten.)

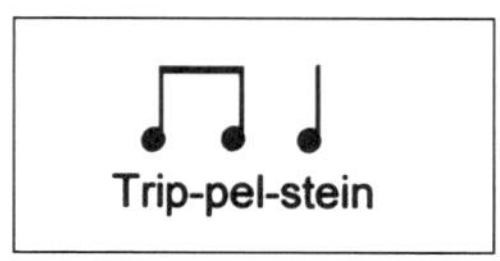


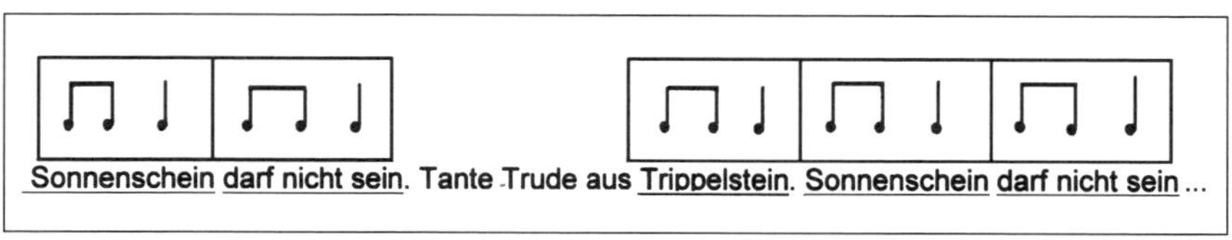


Der rhythmische Baustein wird nun auf verschiedene Klanggesten übertragen:

a) Sonnenschein = schnipsen
b) darf nicht sein = klatschen
c) Trippelstein = patschen

Ergänzt wird die Zeile durch zwei weitere Klanggesten:

d) Nein! = stampfen
e) Füllen der Pause = Nachahmen des Glissandogeräusches auf einem Waschbrett (Öffnen des Regenschirms)

Der Lehrer singt das ganze Lied, die Schüler führen zum Refrain die Klanggesten aus. Dann singen die Schüler nur den Refrain, während der Lehrer die Strophen übernimmt. Wer kann den Refrain singen und gleichzeitig die Klanggesten ausführen?

Anstelle der Klanggesten werden nun rhythmische Instrumente eingesetzt:

a) schnipsen = Triangel, Schellen
b) klatschen = Holzblocktrommel, Claves
c) patschen = Handtrommeln
d) stampfen = alle Instrumente
e) Pause = Glissando Waschbrett/Xylophon

Der Tausch der Instrumente erfolgt im Kreis, wie mehrfach beschrieben; Schüler ohne Instrument spielen mit Klanggesten mit. Die Schüler singen den Refrain.

### 3. Erarbeitung der Strophe

Der Lehrer präsentiert den Text der Strophen auf dem Liedblatt oder auf Folie. Nun sollen die Kinder herausfinden, wo sich der Rhythmus-Baustein „Trippelstein" (siehe Punkt 2) versteckt hat. Dazu singt der Lehrer die Strophe, die Schüler lesen den Text leise mit und übernehmen anschließend singend den Refrain. Der rhythmische Baustein „Trippelstein" findet sich an folgenden Stellen, die im Text rot unterstrichen werden: „Trippelstein", „Sonnenschein", „schön und warm", „Gott erbarm", „sonderbar". Während der Lehrer singt, klatschen die Schüler an den bezeichneten Stellen.

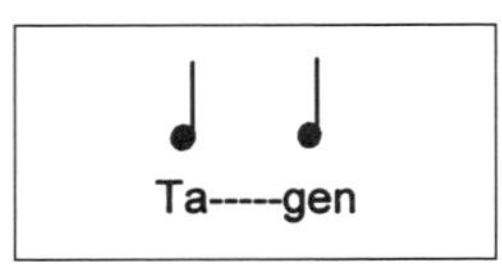


Zusätzlich könnte in der Strophe auch folgender Baustein bewusst gemacht werden:

Die Begriffe „Magen" und „Tagen" werden blau unterstrichen.

Der Einsatz des Waschbrett-Glissandos am Ende der Strophen wird in gleicher Weise wie beim Refrain eingeführt. Die Melodie der Strophen ist mittlerweile so oft erklungen, dass sie sich den Schülern bereits nachhaltig eingeprägt hat. Ein Texträtsel (der Lehrer spielt die Melodie der Strophe ein Stück weit an, die Schüler lesen den Text leise mit und stellen fest, bei welchem Wort die Melodie abgebrochen wurde) gibt zusätzliche Sicherheit für das nachfolgende Singen.

Die Schüler sprechen, flüstern, weinen die Strophen rhythmisch und achten neben akzentuiertem Sprechen auch auf die auf einem Ton ausgehaltene Silbe „wunder-**bar**" (= Fermate); beim Refrain kann an den betreffenden Stellen mit Klanggesten mitgespielt werden.

### 4. Singen des Liedes

Die Schüler singen das Lied gemeinsam. Um das Üben abwechslungsreich zu gestalten, bieten sich folgende Möglichkeiten an:

a) Erste Strophe die Mädchen, zweite Strophe die Jungen, Refrain: alle
b) Erste Strophe alle Frühlings- und Sommerkinder, zweite Strophe alle Herbst- und Winterkinder, Refrain: alle
c) Erste und zweite Strophe: Solisten, Refrain: alle
d) Erste Strophe: Kinder aus dem Ortsteil X, zweite Strophe ...
e) Den Satz „Ich verdiene!" ruft ein einzelnes Kind (es darf tonal frei sein). Auch das „Nein!" sollte eher gesprochen als gesungen werden.

Es ist empfehlenswert, das Vorspiel mit den in Frage kommenden Kindern bereits vor der Unterrichtseinheit zu üben. Zum Refrain spielen die Kinder die unter Punkt 2 beschriebenen Instrumente dazu. Nach einer Strophe werden die Instrumente wieder im Kreis weitergegeben, damit wirklich jedes Kind innerhalb einer Unterrichtseinheit mehrmals auf unterschiedlichen Instrumenten spielen kann.

### 5. Aufführung

Die Kinder sind mit bunten Regenmänteln, Gummistiefeln und Mützen bekleidet und tragen einen Regenschirm in der Hand. Vor der ersten Strophe wird der Sonnenschein musikalisch dargestellt (Glissandi auf Glockenspielen). Während der Sonnenklang allmählich leiser wird, ertönt das Vorspiel.

Beim Singen des Refrains öffnen die Kinder die Regenschirme. (Vorsicht: Bereits beim Aufstellen rechtzeitig auf ausreichenden Abstand zum Nachbarn achten!)

Während das Nachspiel zur zweiten Strophe erklingt, beginnt es zu regnen (Regenrohr, Erbsen in einer Handtrommel rollen lassen, mit den Fingern auf der Trommel reiben). Die Kinder gehen mit geöffneten Regenschirmen von der Bühne.

## Tante Emma

Text, Melodie und Satz: Helmut Maschke

2. Und sie wackelt mit der Achsel...
grad' als wie der Huber Maxel

3. Und sie wackelt mit dem Arm...
wie der Polizeigendarm...

4. Und sie wackelt mit der Hand...
winkend zieht sie durch das Land...

5. Und sie wackelt mit dem Bauch...
and're Leute tun es auch...

## Möglichkeiten der Liedeinführung

### 1. Hinführung

Tante Emma kommt aus dem fernen Südamerika zu Besuch. Uns zuliebe hat sie den weiten Weg auf sich genommen. Vor lauter Begeisterung darüber rufen wir ihren Namen in verschiedenen Tonhöhen durch das ganze Haus.

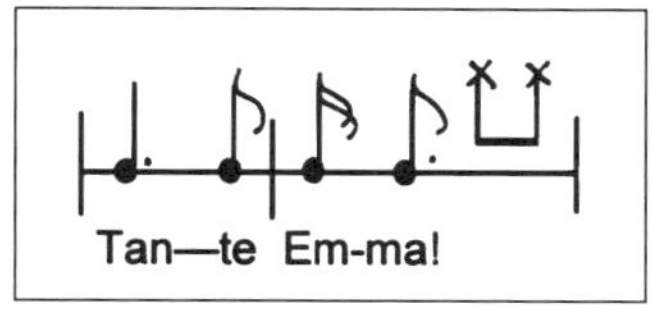


Weil wir wissen, dass Tante Emma den Rhythmus und den Tanz liebt, klatschen wir nach ihrem Namen zweimal in die Hände.

### 2. Erarbeitung des Refrains

Der Lehrer singt den Refrain vor. An den entsprechenden Stellen fügen die Kinder den Ruf „Tante Emma" ein. Beim nächsten Durchgang singen sie den Namen und klatschen. Nun bekommen alle den Text zu sehen (Tafel oder Folie). Der Begriff „Cha-Cha-Cha" (= südamerikanischer Tanz) sollte erklärt werden.

Die Kinder singen die Takte 1 und 2 sowie 9 und 10 (einschließlich des Tante-Emma-Rufes). Der Lehrer übernimmt die restlichen Teile. Da der Refrain mit nur wenigen Tönen auskommt und darüber hinaus mit Sequenzen (= Wiederholung eines Motivs auf einer anderen Tonhöhe) arbeitet, sind die Schüler zu diesem Zeitpunkt bereits in der Lage, den ganzen Refrain (inklusive Klatschen) zu singen.

### 3. Erarbeitung der Strophen

Der Lehrer stellt singend die ganzen Strophen vor. Die Schüler finden dabei heraus, welche Bewegungsformen die Tante ausführt. Die Lösungen werden an der Tafel präsentiert:

1. Strophe: mit dem Kopf wackeln
2. Strophe: mit der Achsel wackeln
3. Strophe: mit dem Arm wackeln
4. Strophe: mit der Hand winken
5. Strophe: mit dem Bauch wackeln

Der Lehrer singt die Strophen, die Kinder führen an den Stellen „so da, so da ..." die im Text beschriebenen Bewegungen aus. Den Refrain übernehmen alle (einschließlich des Klatschens). Am Ende der Strophen steht eine Viertel-Pause, die mit einem einsilbigen Ruf zu füllen ist. Die Schüler erproben, welche Silbe am besten passt.

Während der Lehrer nochmals die Strophen singt, führen die Kinder die Bewegungen aus und rufen zusätzlich das „U!“ oder „hey!“. Der Refrain kann wiederum von allen übernommen werden.

Es folgt die Präsentation des Strophentextes (Liedblatt/OH-Projektor) und alle sprechen die Strophen im Rhythmus des Liedes leise, laut, hoch, tief, lustig. Dann singt die Klasse den ganzen Song (Strophen und Refrain). Beim nächsten Durchgang werden zusätzlich alle bereits erarbeiteten Bewegungs- und Begleitformen ausgeführt.

### 4. Erarbeitung des Zwischenspiels

Auch beim Zwischenspiel kommt am Ende der Ruf „U!“ vor. Höre genau zu und ergänze an der richtigen Stelle!

Der Lehrer spricht das Zwischenspiel in der vorgegebenen rhythmischen Fassung. Die Schüler reagieren in der beschriebenen Weise (= Ruf des „U!“).

Der Tanz „Cha-Cha-Cha“ kommt in diesem Sprechvers öfter vor. Zähle mit!

Die Kinder sprechen dreimal das „Cha-Cha-Cha“ sowie das „U!“ am Ende der Zeile; der Lehrer ergänzt die fehlenden Silben.

Jetzt wird das vollständige Zwischenspiel mit Wiederholung gemeinsam ausgeführt.

Zusätzlich können die Silben mit Klanggesten unterstützt werden (gleichzeitig auch Vorbereitung für das Instrumentalspiel):

| | | |
|---|---|---|
| Cha-Cha-Cha | = | patschen |
| Hey | = | stampfen |
| Ole | = | klatschen |
| U | = | beide Fäuste in die Luft führen |

Die Klasse singt das Lied und fügt jeweils nach einer Strophe das Zwischenspiel (Sprache und Klanggesten) ein.

### 5. Übertragung der Klanggesten auf Instrumente

Sobald die Ausführung der Klanggesten gesichert ist, kann der geübte Rhythmus auf Schlaginstrumente übertragen werden:

| | | |
|---|---|---|
| Cha-Cha-Cha | = | Bongo, kleine Handtrommel |
| Hey | = | Conga, große Trommel |
| Ole | = | Holzblocktrommel, Guiro („Gurke“) |
| U | = | alle Instrumente, Becken |

Jeder zweite oder dritte Schüler (je nach Klassenstärke und vorhandenem Schlagwerk) erhält ein Instrument. Die anderen Kinder spielen mit Klanggesten. Zur Sicherung des Rhythmus wird der vorgegebene Text mitgesprochen.

Nach einem Durchgang werden die Instrumente reihum getauscht. Auf diese Weise kommt jedes Kind dazu, eine Trommel, ein Becken, eine Gurke ... zu spielen.

### 6. Aufführung

Die Kinder verkleiden sich als Mexikaner mit Sombrero und Poncho (hoch lebe das Klischee!). Zum Vorspiel, das wechselweise mit Sprache oder mit Instrumenten ausgeführt werden kann, erklingt ein harmonisches Begleitinstrument (Gitarre, Keyboard, Bass-Xylophon mit den Tönen f und c' im Rhythmus des Cha-Cha-Cha). Dadurch wird der Anfangston für das Singen gesichert.

Beim Singen ist auf deutliche Aussprache zu achten (die Zuhörer haben schließlich kein Textblatt in der Hand!). Zusätzlich kann ein von den Kindern selbst gemaltes Portrait von Tante Emma irgendwo aufgehängt sein, auf das die Sänger an der entsprechenden Refrainstelle deuten. Wenn alle Kinder sie gleichzeitig, also rhythmisch präzise ausführen, wird diese Bewegung publikumswirksam.

Auch das Auditorium kann bei den Strophen aktiv mit einbezogen werden. Ein großes Schild, auf dem die Reihenfolge der gewünschten Bewegungen aufgeschrieben ist (siehe Punkt 3), erleichtert selbst dem unaufmerksamsten Zuhörer das Mitmachen.

# 5. Bei den Wirags

(Lieder von seltsamen Wesen)

Annette Wojcik

# Bei den Wirags

Volkslied aus Ungarn

**Vorspiel**

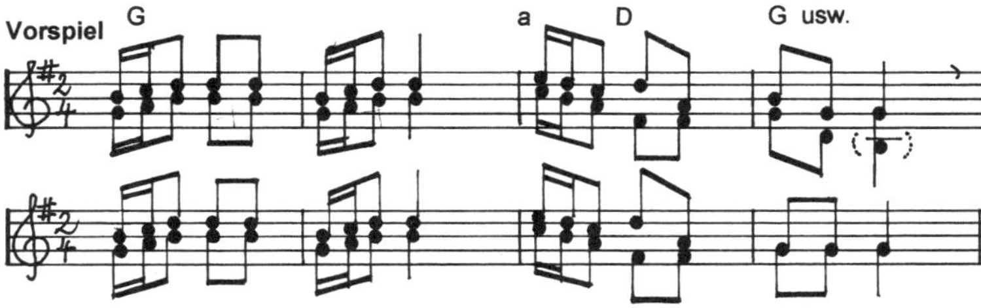


**Lied**

2. Gabor Watzki, voller Tücke, nimmt sich alle Schenkelstücke.
   Susasum, susasum...

3. Michel Puschkasch kommt in Eile, kriegt nur noch die Hinterteile.
   Susasum, susasum...

**Zwischenspiel + Begleitung zum Refrain**

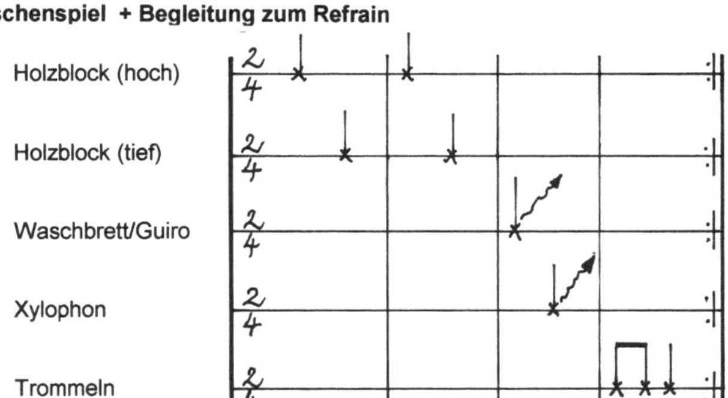


Vorspiel und Zwischenspiel: H. Maschke

# A. Möglichkeiten der Liedeinführung

## 1. Hinführung – Erlernen des Refrains

Der Lehrer entführt die Kinder mit seiner Erzählung in eine ferne, abgelegene Gegend, wo in einem dunklen Tal eine Räuberbande haust. Just in diesem Augenblick sitzen die Räuber in ihrem Lager im großen Kreis um das offene Feuer. Die Bande, die sich die „Wirags“ nennt, hat im nahen Teich riesige Frösche gefangen und brutzelt diese an langen Spießen. Dabei singen sie immer wieder leise den Refrain ihres Räuberliedes „Susasum“.

Sobald der Refrain von allen Kindern richtig mitgesungen wird, setzt der Lehrer seine Geschichte fort: Gabor Watzki, der berühmt-berüchtigte Anführer der Wirags, hat sich von allen Fröschen das Beste genommen: die Schenkelstücke. Deshalb singen die anderen missmutig „Susasum“.

Ein anderer Räuber allerdings, Michel Puschkasch geheißen, ist zu spät zur Schmauserei gekommen. Darum bekommt er nur noch die Hinterteile der Frösche zu essen. Außer Atem und gehetzt singt er deshalb sein „Susasum“.

## 2. Einführung der rhythmischen Begleitung

Die rhythmischen Instrumente von Zwischenspiel bzw. Begleitung des Refrains werden zunächst mit Klanggesten geübt:

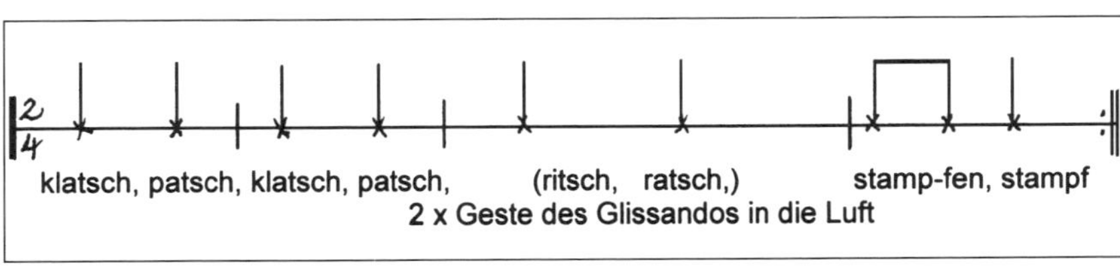


Der Lehrer singt das ganze Lied (hier also auch die Strophen); die Schüler konzentrieren sich ausschließlich auf die Ausführung der Klanggesten.

Wer schafft es, den Refrain zu singen und gleichzeitig die Klanggesten auszuführen? Der Lehrer übernimmt die Strophen.

## 3. Übertragen der Klanggesten auf Instrumente

Jedes zweite oder dritte Kind (je nach Anzahl der vorhandenen Holzblocktrommeln, Xylophone, Trommeln …) erhält ein Instrument. Die Klanggesten werden folgendermaßen übertragen:

| | | |
|---|---|---|
| klatschen | = | hell klingende Holzblocktrommeln/Claves |
| patschen | = | dunkel klingende Holzblocktrommeln |

erstes Glissando = Waschbrett/Guiros (Gurken)
zweites Glissando = Xylophone
stampfen = Trommeln

Wer kein Instrument zugeteilt bekommen hat, spielt mit Klanggesten mit. Die Instrumente werden im Kreis weitergegeben, bis jeder Schüler mindestens einmal jedes vorhandene Instrument spielen durfte. Zu jedem Durchgang singt der Lehrer jeweils die Strophen; der Refrain wird mit Instrumentalspiel von den Schülern ausgeführt. Zusätzlich zu den rhythmischen Instrumenten kann ein Metallophon (o.Ä.) eingesetzt werden. Es imitiert mit seinen Tönen einen Dudelsack und dient als Hilfe für den richtigen Anfangston der Strophen.

### 4. Singen der Strophen

Zu Beginn lesen die Kinder die Strophen leise durch, dann laut mit unterschiedlicher Betonung: wie ein polternder Räuber, quakend wie ein Frosch usw., je im Rhythmus der Melodie.

Die Klasse versucht herauszufinden, an welchen Stellen die Melodie zwei Spitzen aufweist:

1. Strophe: a) bei „**Feu**-er“ b) bei „**un**-geheuer“
2. Strophe: a) bei „**Tü**-cke“ b) bei „**Schen**-kel-stü-cke“
3. Strophe: a) bei „**Ei**-le“ b) bei „**Hin**-ter-tei-le”

Mit einem Rätsel sichert der Lehrer die richtige Verquickung von Text und Melodie. Dazu spielt er die Melodie der Strophe mit der Flöte oder auf dem Klavier ein Stück weit an und stoppt an einer beliebigen Stelle. Die Kinder, die den Text leise mitgelesen haben, stellen fest, bei welchem Wort die Melodie abgebrochen wurde.

Dann singen alle die Strophen auf verschiedene Weise:
1. Strophe: erzählend
2. Strophe: herrisch oder auch wütend
3. Strophe: eilig, verhetzt

An jede Strophe wird jetzt selbstverständlich der Refrain angehängt, um das Lied als organisches Ganzes zu erhalten. Dabei führen die Kinder die o.g. Klanggesten aus.

### 5. Aufführung

Es empfiehlt sich, das Vorspiel vor der Unterrichtseinheit zu üben (z. B. in der Blockflötenstunde). Dies erleichtert die Arbeit und vermeidet Disziplinschwierigkeiten. Falls das nicht möglich ist, begleiten die übrigen Kinder das Üben des Vorspiels mit Klanggesten. Während der Aufführung singt jeder Schüler mit, ein Teil der Klasse spielt die zugeteilten rhythmischen Instrumente. Damit jedes Kind mindestens ein Instrument bei der Aufführung übernehmen kann, wird das Lied mehrmals gesungen.

## B. Möglichkeiten der Weiterarbeit

Das Lied lässt sich gut in eine Klanggeschichte einbauen. In diesem Fall werden die „Wirags" auf einen nächtlichen Beutezug geschickt, der allerdings wenig erfolgreich endet. Der Lehrer übernimmt den Part des Erzählers, die Kinder führen die entsprechenden Klangaktionen aus:

| Erzählung | Klangaktion |
|---|---|
| Zu den Räubern im Wald gehören auch drei Freunde. Der erste heißt „Zack". | Schlag auf die Handtrommel; die Kinder rufen den Namen des Räubers und erproben, wie sie sich mit „einsilbigen" Sprüngen als Räuber „Zack" bewegen können. 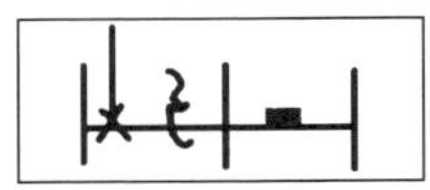 |
| Der zweite Räuber heißt „Zackzerack". | Auch dieser Wortrhythmus wird gesprochen, gerufen, geklatscht. In gleicher Weise testen die Schüler die Fortbewegungsmöglichkeiten dieses Räubers. 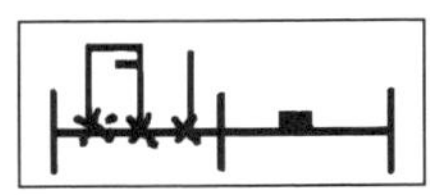 |
| Der dritte heißt „Zackeromini". | Gleiche Vorgehensweise wie bei den anderen Räubern. 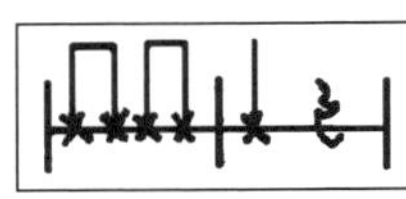 |
| Eines Tages erzählt Zack seinen Freunden von einem Schloss im Wald, in welchem das Fenster zum Vorratskeller stets geöffnet bleibe. Die drei Räuber beschließen, nachts aus dem Lager zu schleichen und Schinken und Würste aus dem Schloss zu stehlen. – Es ist Mitternacht. | Zwölf Schläge auf einem Becken oder Metallophon |

| Erzählung | Klangaktion |
|---|---|
| Alle anderen Räuber schlafen. Nur der Nachtwind ist zu hören. | Schnarchgeräusche; Wind mit der Stimme nachahmen oder kratzen auf der Handtrommel |
| Zack, Zackzerack und Zackeromini schleichen sich vorsichtig aus dem Lager. Wie dunkel es im Wald ist! Ängstlich schauen sie sich um. Ein Mäuschen fiept im Gebüsch. Ein Uhu schreit kläglich aus dem Dunkel. | Die Kinder versuchen im Wortrhythmus der drei Räuber zu schleichen. Nachahmen der Mäusegeräusche und der Uhurufe |
| Endlich sind die drei Räuber beim Schloss angelangt und – tatsächlich! – das Kellerfenster steht offen. Vorsichtig schiebt sich Zack als Erster hindurch, Zackzerack klettert hinterher – und schon hat auch Zackeromini ein Bein hineingesteckt, da stößt Zack in der Vorratskammer ein Einmachglas um. | Gläser klirren; kleine Zymbel auf den Boden fassen lassen |
| Sofort beginnen die Hunde wütend zu bellen, die Knechte kommen mit Laternen und Stöcken angerannt. | mit der Stimme das Bellen nachahmen; Fußgetrampel auf der Trommel |
| So schnell sind Zack, Zackzerack und Zackeromini im Leben noch nicht geklettert und gerannt. Immer wieder stolpern sie in der Dunkelheit und fallen zu Boden. | schnelles Laufen und Hinfallen auf der Trommel darstellen; lautes Keuchen |
| Endlich haben die drei Räuber die Diener und die Hunde abgeschüttelt. Als Zack, Zackzerack und Zackeromini müde und mit aufgeschürften Knien ins Lager zurückkommen, bleiben ihnen anstelle von Schinken und Würsten nur die im nahen Teich gefangenen Frösche. | langsames Schlurfen auf der Trommel; Stöhnen und Jammern |
| Gemeinsam mit allen anderen Räubern entzünden sie ein Feuer, braten die Frösche und singen das Lied dazu. | Darstellung des Feuers mit knisterndem Papier |

*(Klanggeschichte nach Lieselotte Stohlmann)*

Das Lied kann selbstverständlich auch in andere Räubergeschichten eingebaut werden. Es eignen sich z.B.:

a) „Die drei Räuber", Tomi Ungerer, Diogenes Verlag, 13. Auflage 2007

b) „Das große Buch vom Räuber Grapsch", Gudrun Pausewang, Ravensburger, 8. Auflage 2003

c) Dagmar Geisler, Kunterbunte Räubergeschichten, Ars Edition 2006

## Tanzlied der Hexen

Text: Volksmund
Melodie und Satz: Helmut Maschke

**Vorspiel / Nachspiel**

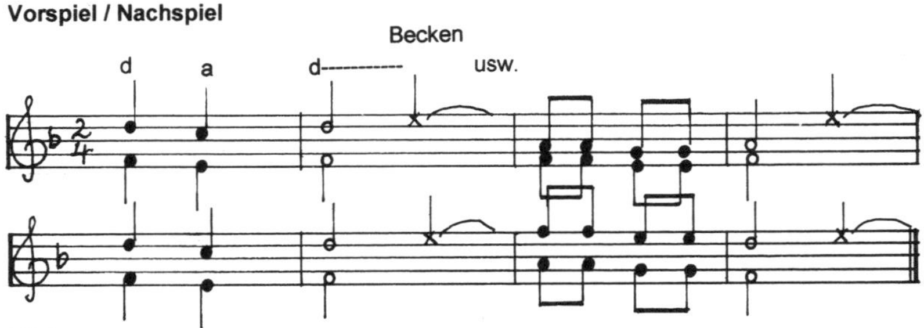


**Lied**

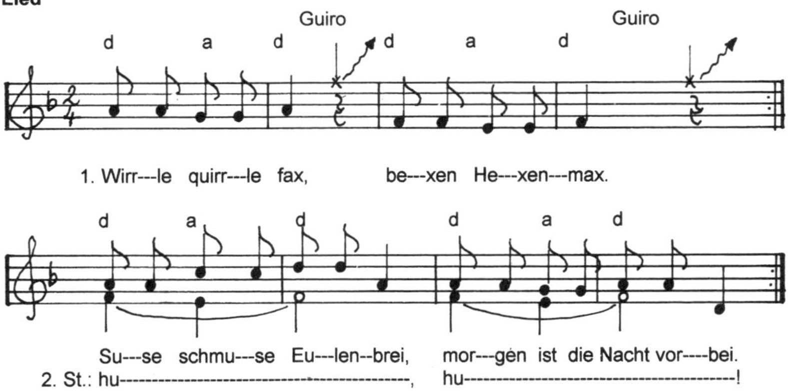


**ostinate Begleitung**

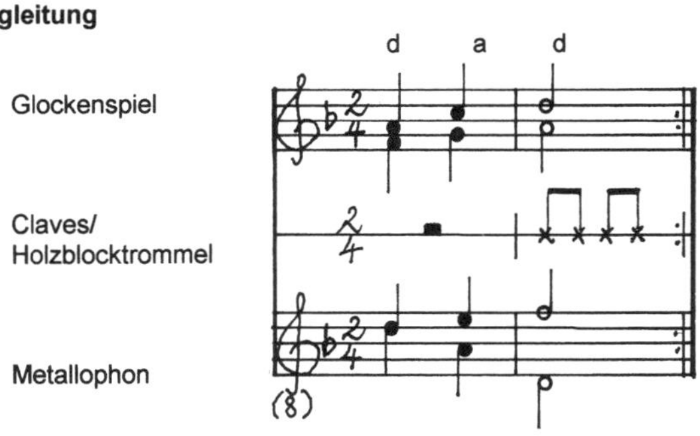

## A. Möglichkeiten der Liedeinführung

### 1. Hinführung

Alle Hexen und Zauberer sind in einer Vollmondnacht auf dem Brocken zusammengekommen. Überall flüstert und wispert es durcheinander. Jeder spricht seinen Zauberspruch, mit dem er sich an diesen Ort gehext hat, leise und deutlich (metrisch frei).

Als Hilfestellung sammelt die Lehrerin die von den Kindern gefundenen Zaubersprüche an der Tafel:

Hokuspokus – orinokus
Simsalabim
Dreimal schwarzer Kater
Ente pente mele lente
Firle fatzke hoschminu

Auf Zeichen der Lehrerin sprechen die Schüler ihre Beschwörungsformeln hell und dunkel, böse und lustig, lauter und leiser werdend.

### 2. Bewegen zur Liedmelodie

Mitternacht naht, daher werden die Zauberer und Hexen immer unruhiger und beginnen durch den Raum zu schweben. Die Kinder erhalten den Auftrag zu erproben, wie das Fliegen auf Zaubergeräten am besten tänzerisch dargestellt werden kann (im Zeitalter des Harry Potter kein Problem!). Die Lehrerin spielt dazu die Melodie des Liedes. Die Kinder bekommen diese Anweisungen:

- Fliege so lange, wie du das Lied hörst, und erstarre bei einem Musikstopp zu einem Zauberdenkmal!
- Fliege, solange die Melodie nicht erklingt; erstarre dann, wenn du wieder das Lied hörst!
- Passe die Höhe deines Fluges (mit den Händen anzeigen) dem Verlauf der Melodie an!

Gute tänzerische Umsetzungen werden anschließend der Klasse vorgestellt und von allen Schülern erprobt. Der Einsatz von Besen (notfalls auch Stecken) vermittelt den Kindern einen zusätzlichen Anreiz, als Hexe und Zauberer durch den Raum zu fliegen.

### 3. Formanalyse des Liedes

Das Zaubervolk möchte zum Lied einen Tanz entwickeln. Deshalb muss erst einmal die musikalische Form erkundet werden. Die Lehrerin zeigt den Kindern zwei Liedkurven (= Flugkurven), dabei vertauscht sie die Reihenfolge der Liedteile und fragt, ob die Abfolge der Kurven wohl so richtig ist. Unter Mithilfe der Kinder werden die Kurven in die korrekte Abfolge gebracht. Zur Kontrolle, ob die Schüler den Verlauf der Melodiekurven fehlerlos erfasst haben, spielt die Lehrerin die Melodie ein Stück weit an und stoppt an einer beliebigen Stelle. Die Kinder zeigen den Punkt in der Kurve, wo die Melodie abgebrochen wurde.

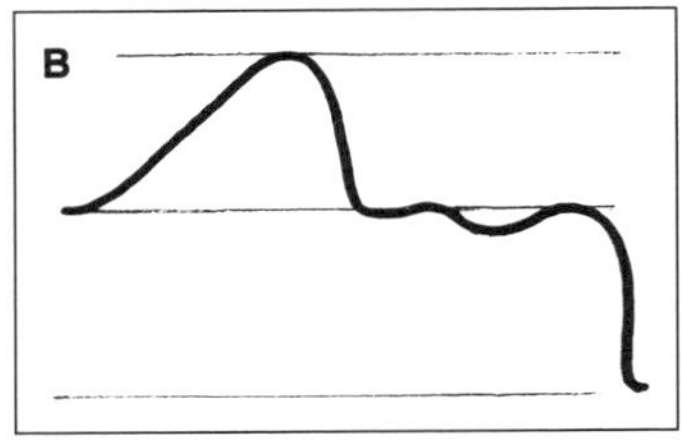


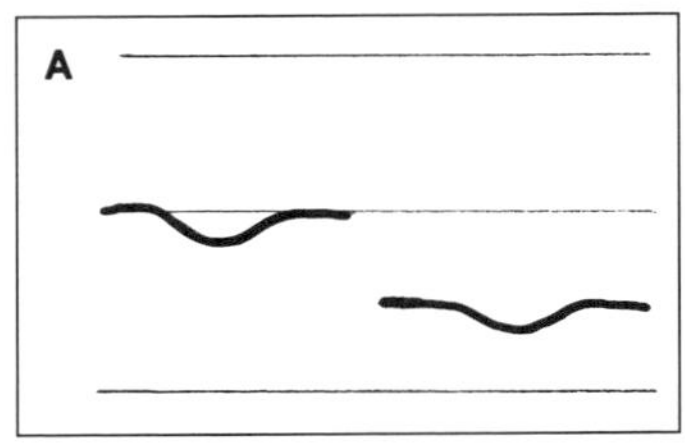


### 4. Entwickeln einer Tanzform

Die Klasse wird in zwei Gruppen aufgeteilt (evtl. Mädchen/Jungen) mit dem Auftrag, zum Lied eine Tanzform zu entwickeln. Jede Gruppe braucht einen Tonträger mit dem Lied; wenn möglich sollte die zweite Gruppe in einem gesonderten Raum arbeiten können. Die Ergebnisse der Arbeit werden anschließend der anderen Gruppe vorgestellt. Die Lehrerin hält aber auch selbst eine eigene Tanzform parat, z.B. diese hier:

| | |
|---|---|
| Vorspiel | Die Hexen und Zauberer reiten auf ihren Besen herein und sammeln sich in der Kreisform. |
| A-Teil | Die Tänzer stellen ihren Besen auf den Boden und gehen, ihn mit der rechten Hand haltend, um ihn herum (Takt 1 + 2).<br>Sie umkreisen den Besen, während er mit der linken Hand gehalten wird (Takt 3 + 4). |
| B-Teil | Vier Schritte zur Kreismitte; dabei wird der Besen allmählich nach oben geführt (Takt 5 + 6).<br>Vier Schritte zurück zur Kreisform; Besen wieder nach unten führen (Takt 7 + 8).<br>Wiederholung des B-Teils: Tänzer drehen sich nach außen; Ausführung wie bei Takt 5 bis 8. |
| Nachspiel | Die Zauberer und Hexen setzen sich wieder auf ihre Besen und fliegen davon. |

Mit der Tanz-Aufführung könnte die erste Unterrichtsstunde abschließen.

### 5. Arbeit mit dem Text

Die Hexen und Zauberer haben sich für ihr Lied einen eigenen Text ausgedacht, der auf Folie geschrieben allen gezeigt wird. Die Kinder sprechen den Text leise, langsam, schnell, laut, hoch, tief, wie ein Berg (von dunkel nach hell und von hell nach dunkel), wie der Zauberer Merlin, wie die Hexe Höselhurst usw.

### 6. Singen des Liedes

Der Lehrer übernimmt jeweils eine Zeile; die Kinder singen die Wiederholung. Folgende Variationsmöglichkeiten bieten sich an:

a) Wechsel zwischen Mädchen und Jungen
b) Wechsel zwischen Solist und Klasse
c) Wechsel zwischen „Harry Potter"-Lesern und „Hexe Lilly"-Lesern

Beim Singen ist stets auf richtige Intonation, deutliches Sprechen und ökonomisches Atmen zu achten. Bei den Wiederholungen der Liedzeilen kann ein Wechsel zwischen mezzoforte (= halblaut) und piano (= leise) zusätzliche Spannung erzeugen. Selbstverständlich können auch alle gemeinsam das vollständige Lied singen.

### 7. Vorbereitung der Instrumentalbegleitung

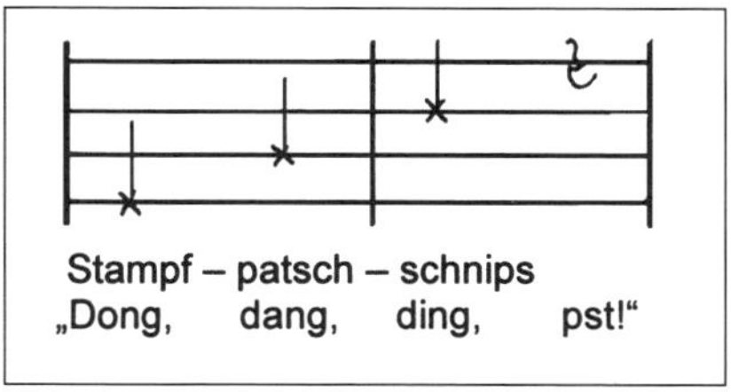


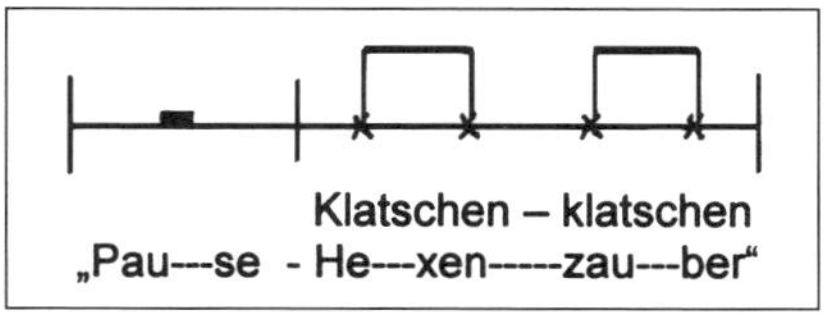


Um die Reihenfolge der Töne auf dem Glockenspiel und dem Metallophon zu verdeutlichen, spielen die Kinder mit Klanggesten folgenden Ablauf. Das zusätzliche Sprechen eines Textes unterstützt die Ausführung.

Der Rhythmus der Holzblocktrommel wird geklatscht; auch hier ist die Unterlegung mit einem Text hilfreich.

Die Klasse wird in zwei Gruppen aufgeteilt; ein Teil übernimmt den motorischen Ablauf wie bei den Metallinstrumenten, der andere den Rhythmus der Holzblocktrommel (mit anschließendem Wechsel). Die Lehrerin spielt zu jeder Übung immer wieder die Melodie des Liedes dazu.

### 8. Aufführung mit Instrumenten

Die Stabspiele müssen vor dem Unterricht präpariert werden (herausnehmen der nicht benötigten Tonstäbe/bekleben mit Farbpunkten). Je nach Anzahl erhält nur jeder dritte oder vierte Schüler ein Instrument; dabei ist zu beachten, dass auf den Stabspielen stets mit zwei Schlägern gespielt wird (daher die zweistimmige Notation). Bei der Instrumentenausgabe zeigt der Lehrer den Schülern, auf welche Töne der geübte Rhythmus zu übertragen ist.

Wer kein Instrument zugeteilt bekommen hat, singt das Lied. Das Vorspiel wurde wenn möglich bereits vor der Unterrichtseinheit (z. B. als Hausaufgabe für die Blockflötenspieler) geübt. Nach einer Strophe werden die Instrumente im Kreis weitergegeben und die Schüler erklären ihrem Nachbarn, welche Töne zu verwenden sind.

## B. Möglichkeiten der Weiterarbeit

Im Deutschunterricht können zusätzliche Strophen zum Lied gedichtet werden. Dabei sollten vor allen Dingen auch lautmalerische Nonsens-Wörter, die unheimlich klingen, Verwendung finden. Solche Ausdrücke erleichtern den Kindern das Reimen.

Eine Liste von zauberischen Dingen, die in der Realität nie vorkommen, gibt den kleinen Dichtern zusätzliche Hilfestellung: Schlangenfuß, Drachentränen, Mäusedonner …

Für eine Aufführung werden sich die Kinder selbstverständlich standesgemäß verkleiden. Diese Darbietung schließt das anfangs erarbeitete frei-metrische Flüstern der Zaubersprüche, die von den Schülern entwickelte Tanzform sowie die selbst gedichteten Strophen mit ein.

Der Ablauf, bei dem sich das Sprechen der Zauberformeln mit dem Begleitostinato und evtl. mit dem Vor- und Nachspiel überschneiden sollte, könnte folgendermaßen aussehen:

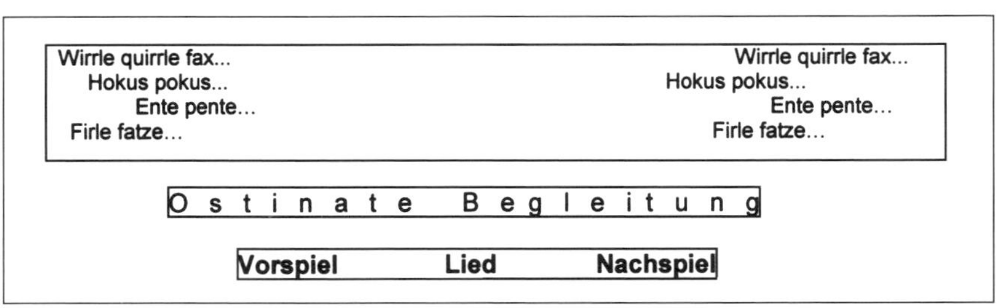

Wenn Hexen und Zauberer durch die Lüfte fliegen, ist Halloween nicht weit. Für alle Liebhaber dieser letzten Oktobernacht ist der bekannte Halloween-Vers zu einem Sprechstück mit Instrumenten zusammengestellt:

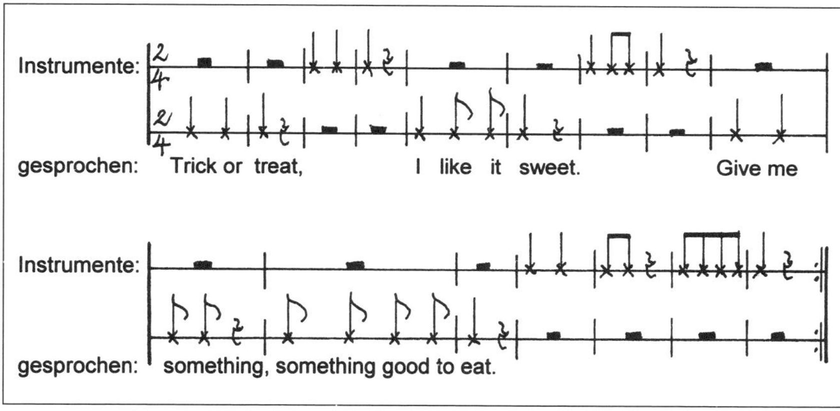


Außer der hier vorgeschlagenen Fassung, bei der gesprochener Text und kleines Schlagwerk im Wechsel erklingen, kann der Sprechvers auch im Kanon ausgeführt werden:

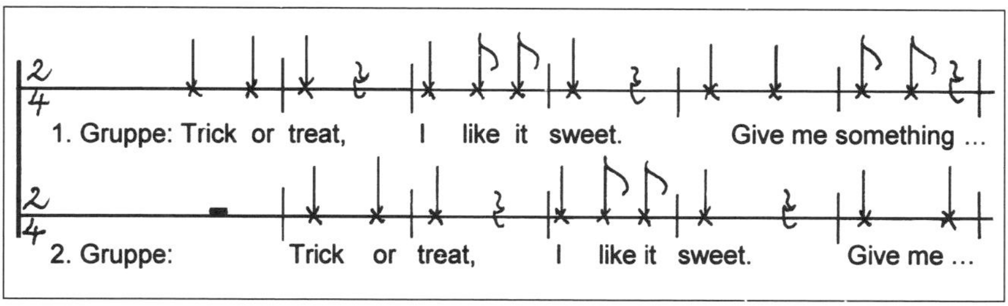


Wer nach weiteren getanzten Hexenliedern sucht, findet sie z.B. auf folgenden Tonträgern (mit Tanzbeschreibung):

- Die alte Moorhexe, Eres-Edition, Lilienthal/Bremen, eres Nr. 1712
- Hexala bexala, eres Nr. 1945

# 6. Wir haben einen Stern

## (Lieder zum Advent und zu Weihnachten)

*Andrea Sternegger*

# Klöpfeleslied

Volkslied aus Altbayern
Vorspiel und Begleitung: Helmut Maschke

**Vorspiel / Nachspiel**

**Lied**

**Strophen**

2. Wir ziehen daher über Bauern sei Eck,
wir hörns scho. wir sehns scho. sie san scho im Bett.
3. Wir wünschen dem Bauern an goldigen Wagn,
dass er mit seiner Bäurin in Himmel kann fahrn.
4. Wir wünschen der Bäurin an goldigen Ring,
in der Mitten drin a Sterndl, liegts Christkindl drin.
5. Wir wünschen de Hausleut a glückseligs neues Jahr,
a Christkindl, a Christkindl mit aufkrauste Haar.
6. Wir könna net dableibn, wir müassn wieder gehn,
für des, was ma kriagt ham, bedank ma uns schön.

**ostinate Begleitung**

**Vorspiel und 1. Zeile:**

**2. Zeile:**

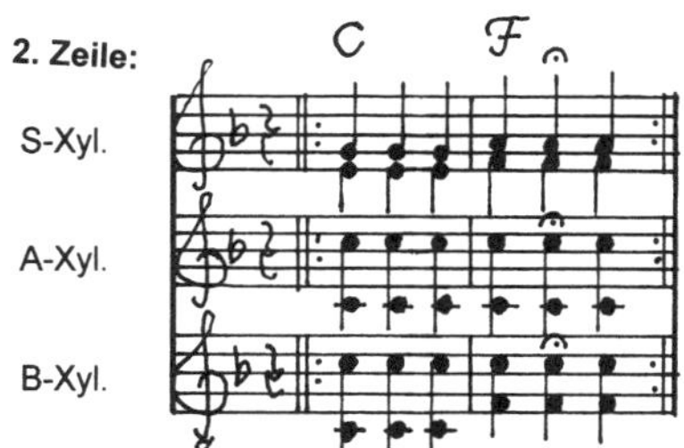

## Möglichkeiten der Liedeinführung

Das Klöpfelesingen ist ein altbayerischer Brauch. In den Klöpfelesnächten, das sind die drei Donnerstage vor Weihnachten, ziehen die Kinder durch die Straßen, klopfen an die Türen und singen ein Lied. Dafür bekommen sie kleine Geschenke.

Eine Wendung dieses Liedes ist übrigens typisch für die Musik aus dem Alpenraum: In der Melodie wird der „Tritonus“ (= übermäßige Quart) verwendet (vorletzter Takt, b–e); dieser Sprung kommt in Liedern anderer Landschaften nicht vor.

### 1. Arbeitsaufträge zur Vorstellung des Liedes

Da der Text oft vom eigentlichen musikalischen Verlauf des Liedes ablenkt, empfiehlt es sich, dieses (zusätzlich zur gesungenen Version) auch rein instrumental (Flöte, Klavier …) vorzustellen.

a) Stelle fest, in welcher Taktart dieses Lied steht! (Als Hilfe wird die Dirigierbewegung im Zweier- und im Dreiertakt an die Tafel gemalt, Dirigierbewegungen evtl. wiederholen).

Zweiertakt

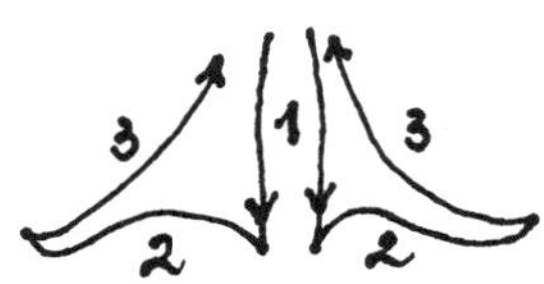


Dreiertakt

(*Lösung:* Das Lied steht im Dreiertakt = Dreivierteltakt. Zur Bestätigung dieser Feststellung dirigieren die Kinder, während der Lehrer die Melodie singt/spielt. Da das Lied mit einem Auftakt beginnt, empfiehlt es sich zunächst, die Schüler mit dem Dirigieren des Dreiertaktes beginnen zu lassen (ohne Musik). Der Lehrer setzt anschließend – in diese Dirigierbewegungen hinein – mit dem Lied ein.)

b) Erkenne die Liedform: Wo gibt es Motive, die sich wiederholen – und wann erklingen neue Melodieteile?
(*Lösung:* Das Lied weist folgende Form auf: A, A, B, B. Die Liedform könnte mit verschiedenfarbigen Streifen verdeutlicht werden. Dabei ist darauf zu achten, dass die beiden A-Teile nur jeweils zwei Takte, die B-Teile jedoch vier Takte lang sind. Zusätzlich könnte auf den Streifen die Melodiekurve eingezeichnet sein.)

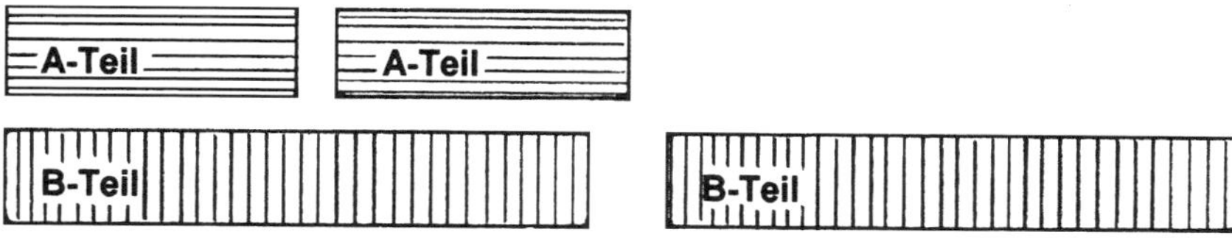


c) Melodierätsel: Der Lehrer spielt die Liedteile in unterschiedlicher Reihenfolge an. Die Kinder sollen erkennen, um welchen Teil es sich handelt.

### 2. Bewusstmachen des punktierten Viertels im B-Teil

Stelle fest, wo und wie oft in unserem Lied dieser Rhythmus vorkommt:

Der Lehrer singt/spielt die Melodie mehrmals vor, die Kinder klatschen (patschen, stampfen) an den entsprechenden Stellen (B-Teil, erster und zweiter Takt). Zur Bestätigung werden die Notensymbole auf oder unter dem Streifen des B-Teils angebracht:

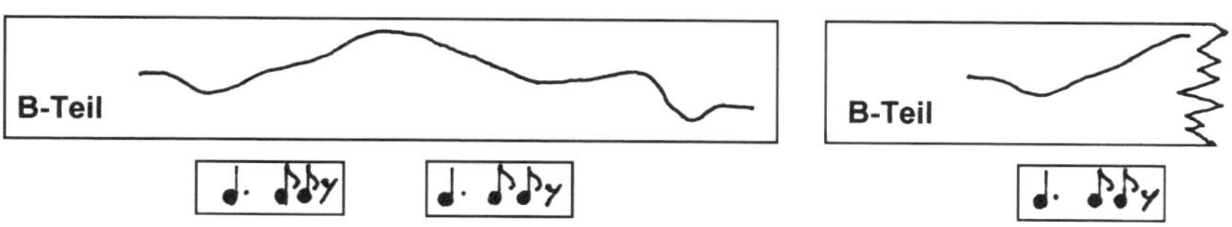


### 3. Vorbereitung der Instrumentalbegleitung mithilfe von Klanggesten

Die Vorbereitung und das Erarbeiten der Instrumentalbegleitung können in der ersten Unterrichtseinheit aus Zeitgründen wegfallen und auf die zweite Einheit verlegt werden. Diese beginnt dann sinnvollerweise mit dem Singen des Liedes ohne Begleitung (= Wiederholung).

Dann wird die Begleitung der A-Teile und des Vorspiels mit diesem Rhythmus vorbereitet, den die Kinder stampfen sollen:

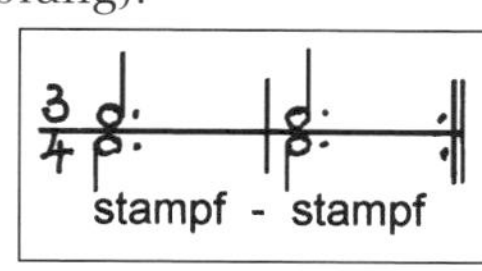


Damit die Kinder nicht bereits beim Auftakt mit dem Stampfen einsetzen, müssen sie beim Wort „**Wir** *ziehen daher*“ schnipsen. Somit gelingt der Einsatz auf dem Taktschwerpunkt (= „*Wir* **ziehen** *daher*.“) auch rhythmisch weniger versierten Schülern.

Für die Begleitung des B-Teils sollen die Kinder im Wechsel klatschen (= Töne der fünften Stufe, C-Dur: c, e, g) und patschen (= Töne der ersten Stufe, F-Dur: f, a, c). Die Schüler sprechen (klatschen, patschen usw.) den Text leise mit. Die Begleitung dieses Liedteils schließt mit zwei Vierteln, daher wird das letzte „und“ weggelassen.

Auch hier besteht das Problem mit dem Auftakt. Es empfiehlt sich, in gleicher Weise wie oben angegeben vorzugehen. Der Lehrer singt/spielt zu den Übungen jeweils das ganze Lied.

### 4. Arbeit mit den Stabspielen

Die Stabspiele (= Glockenspiele, Xylophone) müssen vor dem Unterricht präpariert werden (nicht benötigte Tonstäbe herausnehmen oder umdrehen, benötigte Töne evtl. mit Farbpunkten bekleben). Je nach Anzahl erhält nur jeder dritte oder vierte Schüler ein Instrument; dabei ist zu beachten, dass immer mit zwei Schlägern gespielt wird (daher die zweistimmige Notation).

Der geübte Rhythmus wird auf die vorgegebenen Begleitakkorde übertragen. Wer kein Instrument bekommen hat, spielt weiterhin mithilfe von Klanggesten mit. Nach einer Strophe werden die Instrumente im Kreis weitergegeben und die Schüler erklären ihrem Nachbarn, welche Töne zu spielen sind. Das Vorspiel sollte möglichst vor der Musikeinheit mit den Instrumentalisten (Blockflöte, Querflöte, Geige) geübt werden.

### 5. Arbeit am Liedtext

Zur Sicherung wird der Text gemeinsam gelesen und besprochen (Liedblatt, Tageslichtprojektor, Tafel). Da die Textverteilung der Strophen nicht immer in gleicher Weise wie in Strophe 1 angelegt ist, ist es unbedingt notwendig, mit den Schülern jede Strophe rhythmisch zu sprechen. Nur bei ausreichender Zeit wird die Lehrkraft weitere Strophen des Liedes einbeziehen. Es ist sinnvoll, die Strophen 2 bis 6 (oder eine entsprechende Auswahl) erst in der zweiten Unterrichtseinheit zu singen.

Mithilfe des bekannten Texträtsels (der Lehrer spielt die Liedmelodie ein Stück weit an und die Kinder lesen den Text leise mit; anschließend sagen die Schüler, bei welchem Wort die Melodie abgebrochen wurde) kann überprüft werden, ob die Kinder Melodie und Text bereits richtig zuordnen.

### 6. Gemeinsames Singen – Dirigieren im Dreiertakt

Das Singen der Kinder erfolgt zunächst ohne Stabspiele, damit alle Beteiligten sich auf die Melodie des Liedes konzentrieren können. Der Lehrer (oder Tonträger) übernimmt Begleitung des Liedes und Ausführung der Zwischenspiele. Dabei ist auf das richtige Singen der Liedmelodie, auf korrekte Verteilung der Silben, deutliches Sprechen und exakte Ausführung des punktierten Rhythmus zu achten.

Gleichzeitig mit dem Singen dirigieren alle Schüler das Lied im Dreiertakt mit. Um sich selbst den Einsatz zu geben, ist es wichtig, mit dem zweiten Dirigierschlag des Dreiertaktes einzusetzen. Dies ist genau der Moment, in dem man einatmet. Auch der Dirigent atmet vor dem Einsatz eines Chores sinnvollerweise mit ein.

### 7. Ausführung mit Gesang und Instrumenten

Jeder zweite (oder dritte) Schüler erhält ein Instrument (siehe oben). Die anderen Kinder singen als Chor. Nach einer Strophe werden die Instrumente getauscht; wer jetzt kein Xylophon, Glockenspiel, Becken usw. hat, übernimmt den Gesangspart. Jeweils ein Schüler darf die Aufführung dirigieren.

## Wir haben einen Stern

Text und Musik: Helmut Maschke

**Vorspiel / Nachspiel**

**Lied**

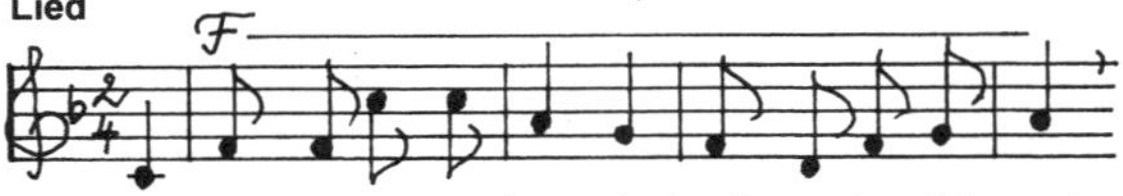


Wir ha—ben ei—nen Stern, der leuch—tet im Ad—vent,

wir ha---ben ei---nen Stern, da---rin die Hoff-nung brennt.

2. Der Stern in unsrer Hand zieht mit von Tür zu Tür;
der Stern in unsrer Hand, er leuchtet dir und mir.

3. Wir warten auf das Heil, es ist Herr Jesus Christ;
wir warten auf das Heil, das unsre Rettung ist.

**ostinate Begleitung**

**Vorspiel / Nachspiel:**

S-Xyl.

A-Xyl.

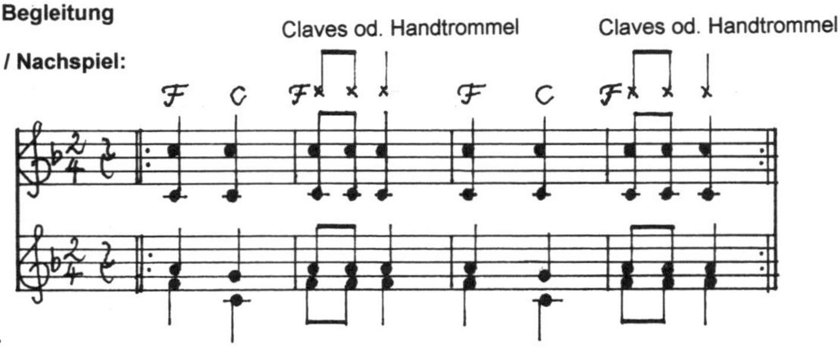


**Strophe:**

Glsp.

Met.

# A. Möglichkeiten der Liedeinführung

## 1. Höraufgaben zur Vorstellung des Liedes

Die Lehrerin spielt und singt das Lied einige Male vor und fragt:

a) Gibt es Melodie-Wiederholungen?
(*Lösung:* Das Lied besteht aus zwei fast vollständig identischen Melodieteilen (= A + A'). Lediglich die beiden Schlusstöne unterscheiden sich. Der A-Teil endet auf der Terz, auf dem dritten Ton der Tonleiter (= höher), und der A'-Teil endet auf dem Grundton (= tiefer). Zur Veranschaulichung dieser Feststellung werden Textstreifen, auf denen die relative Tonhöhe der Silben angegeben ist, an die Tafel geheftet (auch Folie).)

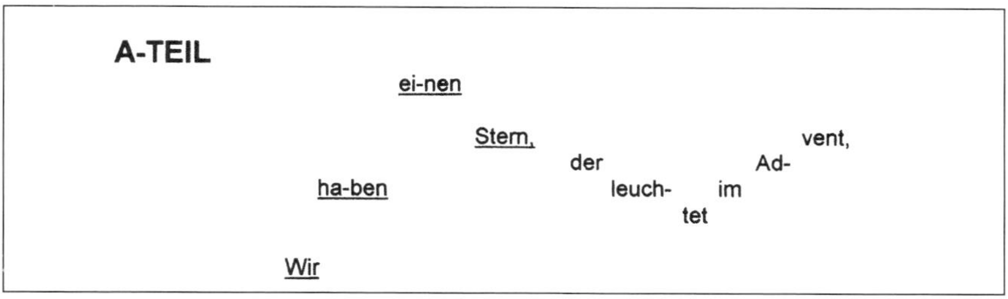


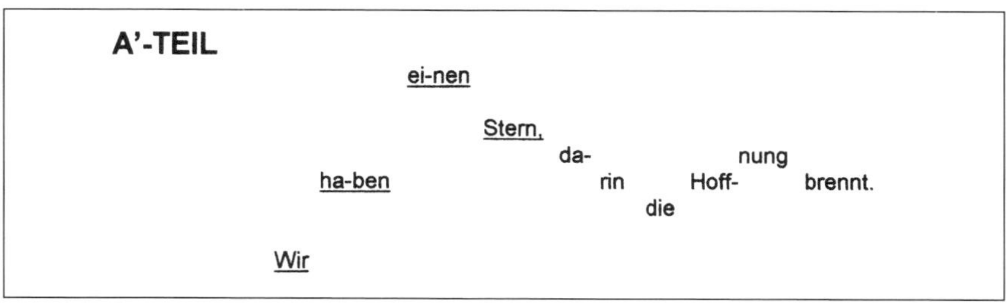


b) Gibt es Text-Wiederholungen?
(*Lösung:* In jeder Strophe beginnen die beiden Zeilen jeweils mit demselben Text. Zur Verdeutlichung unterstreicht die Lehrerin die betreffenden Wörter oder markiert sie farbig. Zusätzlich sollte der Text aller Strophen (Folie/Textblatt) besprochen bzw. geklärt werden.)

## 2. Erarbeitung der Tanzform

Während der Arbeit an der Tanzform singt der Lehrer immer wieder die jeweiligen Strophen des Liedes dazu, auf diese Weise prägt sich die Melodie den Kindern ein.

| | |
|---|---|
| Aufstellung | Die Tänzer stehen sich in zwei Reihen gegenüber. In der rechten Hand tragen sie einen Stab, an dessen Spitze ein Stern befestigt ist. |
| Vorspiel | Drehung um die eigene Achse (links herum mit acht Schritten); bei Wiederholung Richtungswechsel. |
| 1. Strophe | Hochheben des Sterns; die Kinder bleiben dabei stehen. |
| Zwischenspiel | wie Vorspiel |
| 2. Strophe | Takt 1 bis 3 = die Reihen gehen mit sechs Schritten aufeinander zu<br>Takt 4 = gegenseitige Verbeugung<br>Takt 5 bis 7 = mit sechs Schritten rückwärts zurück auf den Platz<br>Takt 8 = Verbeugung |
| Zwischenspiel | wie Vorspiel |
| 3. Strophe | Takt 1 und 2 = mit vier Schritten aufeinander zugehen<br>Takt 3 und 4 = mit vier Schritten umeinander herumgehen (linksschultrig)<br>Takt 5 und 6 = mit vier Schritten vorwärts auf den Platz zurück<br>Takt 7 und 8 = mit vier Schritten eine halbe Drehung ausführen (über links) |

### 3. Vorbereitung der Instrumentalbegleitung mithilfe von Klanggesten

a) Vorspiel: Der motorisch-rhythmische Ablauf der Xylophonbegleitung wird auf folgende Klanggesten übertragen:

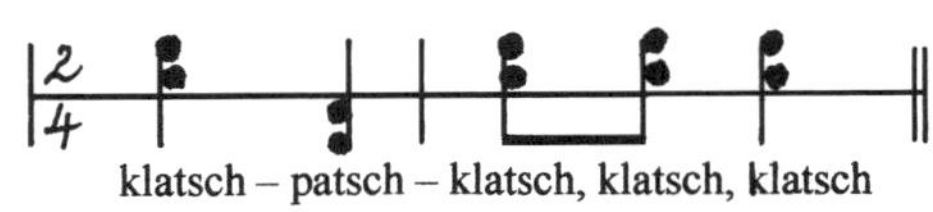


Schwierigkeiten bereitet den Kindern der Auftakt, mit dem das Vorspiel (wie auch das Lied) beginnt. Hilfreich ist hier ein „Luftschlag“ (Schlag mit beiden Händen in die Luft) während des Auftaktes. Auf diese Weise wird die Zeit der Pause mit einer Geste gefüllt.

b) Lied: Die Glockenspiel-Stimme wird von rechts oben nach links unten in die Luft geschnipst (gemäß des Melodieverlaufes).

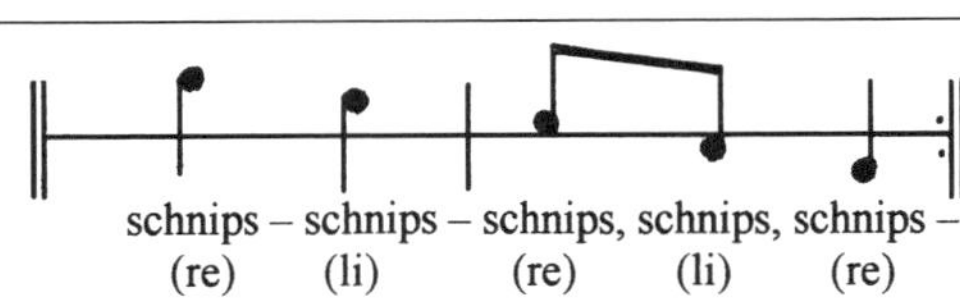

Die Metallophonstimme kann durch das Stampfen (beide Füße gleichzeitig) vorbereitet werden:

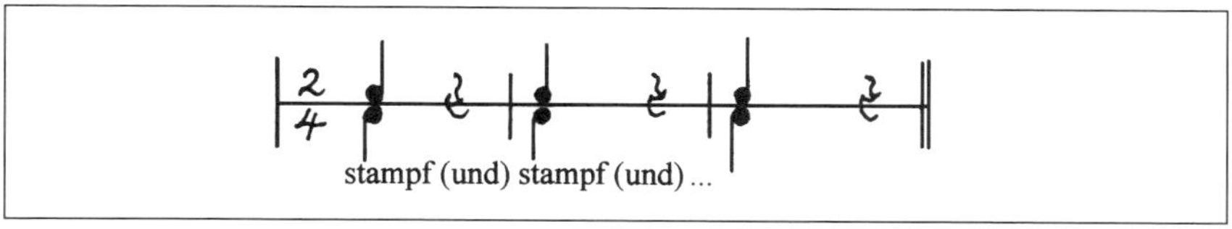


Das Wörtchen „und" dient als Pausenhalter. Geschickte Schüler versuchen, Stampfen und Schnipsen gleichzeitig auszuführen. Andernfalls wird die Klasse in zwei Gruppen aufgeteilt (a: schnipsen, b: stampfen). Der Lehrer singt oder spielt zu den Übungen stets die Melodie des Vorspiels bzw. des Liedes.

### 4. Spielen auf den Instrumenten

Nicht benötigte Töne werden herausgenommen oder umgedreht. Zusätzlich können farbige Klebepunkte verwendet werden. Die Stimme des Glockenspiels ist bewusst so angelegt, dass sie von oben nach unten (von rechts nach links) verläuft und identisch ist mit dem Rhythmus der Xylophone im Vorspiel. Jeder dritte oder vierte Schüler erhält ein Instrument und überträgt die geübten Abläufe auf die entsprechenden Töne. Die anderen Kinder führen die Begleitung mit Klanggesten aus (wie unter Punkt 4 beschrieben). Der Lehrer spielt bzw. singt die Melodie des Vorspiels und des Liedes. Nach Vorspiel und Strophe werden die Instrumente im Sitzkreis weitergereicht. Der abgebende Schüler erklärt seinem Nachfolger die Spielweise.

### 5. Wiederholung der Tanzform

Die Kinder stellen sich in die Ausgangsposition, zwei Reihen stehen sich gegenüber. Der Lehrer spielt und singt; die Schüler konzentrieren sich auf die Tanzform. Dabei dient eine große grafische Darstellung als Orientierungshilfe:

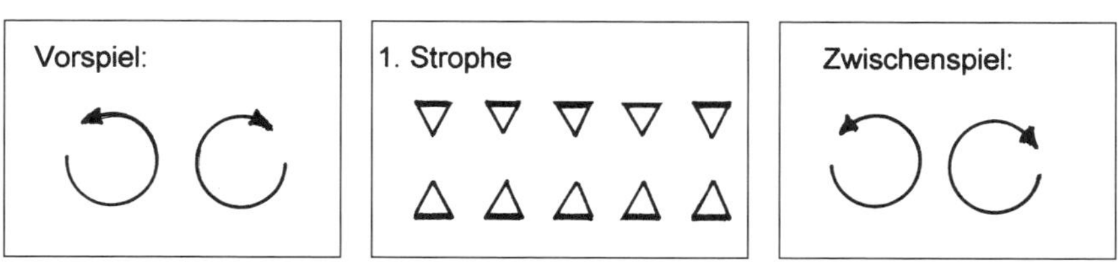

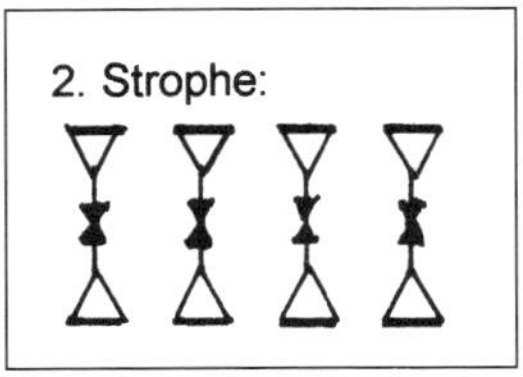


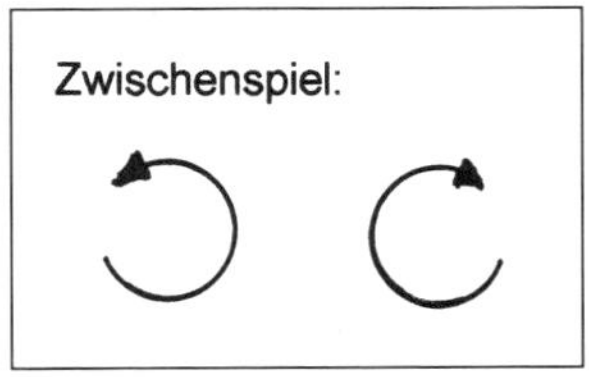


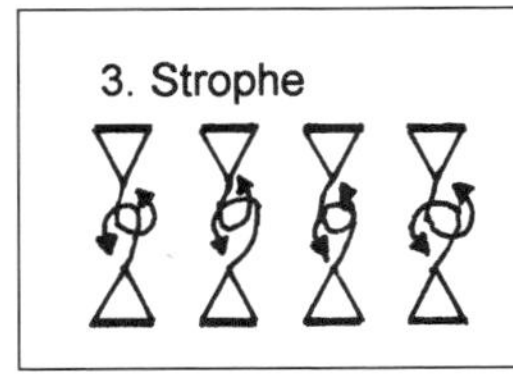


### 6. Singen des Liedes

Der Liedtext liegt den Kindern vor (Folie oder Liedblatt). Mit diesen beiden Rätseln wird die Zuordnung von Text und Melodie gefestigt:

a) Der Lehrer spielt z. B. die zweite Liedzeile der ersten Strophe; die Schüler lesen den passenden Text vor.

b) Der Lehrer spielt die Melodie (z. B. zweite Strophe) ein Stück weit an und stoppt bei einer beliebigen Stelle. Die Schüler lesen leise mit und nennen danach das gesuchte Wort.

Die Kinder sollen beim Singen auf deutliches Sprechen achten! Wenn sie nur am Ende einer Liedzeile atmen, wird das Lied ruhiger.

### 7. Aufführung mit Gesang, Tanz und Begleitung

Die Klasse wird in Tänzer, die gleichzeitig auch singen, und Instrumentalisten eingeteilt. Die Besetzung kann wechseln, schließlich haben alle Schüler Lied, Tanzform und Begleitung mitgeübt. Dabei kommen die selbst gebastelten Sterne zum Einsatz.

## B. Möglichkeiten der Weiterarbeit

- Basteln eines Sternen-Stabes für den Tanz (aus Holzstab, Karton, Goldpapier)
- Basteln von Stroh- und Papiersternen (falten und ausschneiden)
- Basteln von Sternen-Lichtern (mit Buntpapier beklebtes Glas; Kerze)
- Lesen eines passenden Textes, z. B. „Drei Kinder und ein Stern", Luise Rinser, Gabriel Verlag 2003
- Verklanglichung des Bilderbuches „Der kleine Stern" von Masahiro Kasuya, Wittig Verlag, 18. Auflage 1992; musikalische Umsetzung in Helmut Maschke, „Der musikalische Sprechzirkus", Auer-Verlag, 2. Auflage 2000
- Musical „Leuchte, kleiner Stern" (Fietz/Dicker), Abakus Musik, 35753 Greifenstein mit CD, Playback-CD, Lieder- und Textheft

## Goldnes Blatt vom Himmelsbaum

Weihnachtslied aus Tschechien
Vorspiel und Begleitsatz: Helmut Maschke

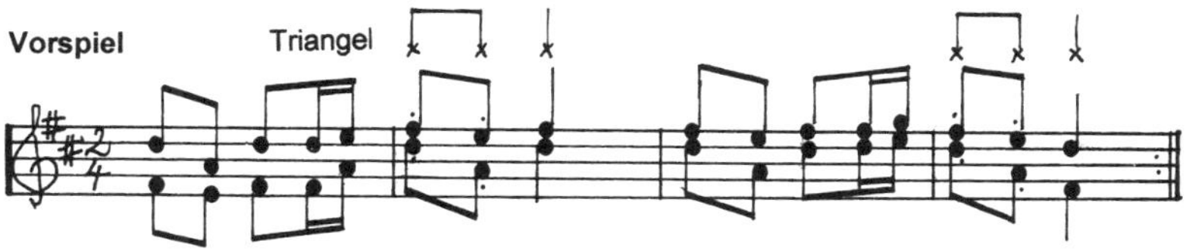

2. Unser Jesuskindelein grüßte ich voll Freude,
   grüßte auch die Eltern sein und die andern Leute. Hei dom ...
3. Blieb ich dann der Tage drei bei dem Kindlein hocken,
   tat der Flöte, der Schalmei süßen Klang entlocken. Hei dom ...

**ostinate Begleitung**

**Vorspiel und 1. Zeile:**

**2. Zeile:**

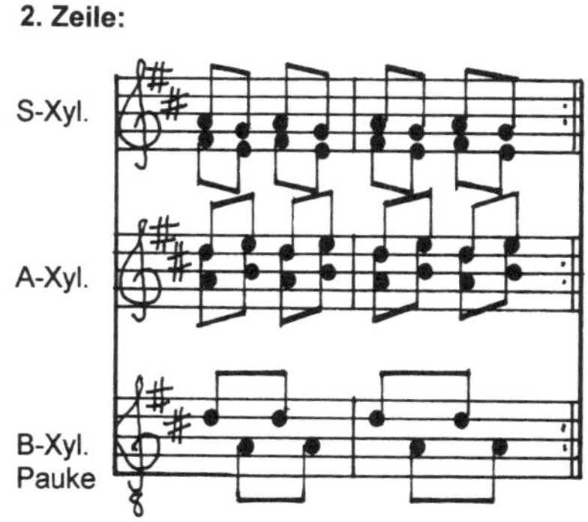

## A. Möglichkeiten der Liedeinführung

### 1. Aufgaben zur Vorstellung des Liedes

a) In diesem Lied wird von einem goldenen Blatt erzählt, das vom Himmelsbaum auf die Erde fällt. Findest du heraus, wer mit diesem „goldenen Blatt“ gemeint ist?
(*Lösung:* Es handelt sich um das Jesuskind, das von Gott (= vom Himmel) auf die Erde gesandt wurde. Als Bestätigung dieser Feststellung kann der Lehrer zusätzlich die zweite Liedstrophe vorsingen und einen Textstreifen an die Tafel heften: Goldenes Blatt = Jesuskind.)

b) Erkenne, wie viele Teile das Lied aufweist!
(*Lösung:* Das Lied besteht aus zwei Teilen; jeder Teil wird musikalisch völlig identisch wiederholt = A (aa) + B (bb). Der Lehrer befestigt vier Farbkärtchen (z.B. zweimal gelb + zweimal grün) an der Tafel, die die Liedform verdeutlichen. Auf diesen Farbflächen werden später die Liedkurven des goldnen Blattes und die Hilfstexte für die Begleitrhythmen befestigt.)

c) Stelle fest, in welchem Liedteil Instrumente nachgeahmt werden!
(*Lösung:* Der Text des B-Teils („Hei dom, didel …“) ahmt lautmalerisch die verschiedenen Instrumente nach: Trommel, Bass, Flöte, Klarinette …)

### 2. Erarbeitung der Melodiekurve

Die Kinder sollen folgende Aufgaben lösen; der Lehrer spielt jedes Mal die Melodie des Liedes dazu.

a) Gehe durch den Raum und zeige mit deiner Hand den Weg des goldenen Blattes durch die Luft an (grobmotorische Vorgehensweise). Schreibe anschließend die gefundene Melodiekurve auf ein Blatt Papier (feinmotorische Vorgehensweise)!

b) Danach bietet der Lehrer zum Vergleich bzw. zur Kontrolle vier Melodiekurven an, die die Schüler in der richtigen Reihenfolge anordnen und auf die vorbereiteten Farbfelder an der Tafel anbringen sollen.

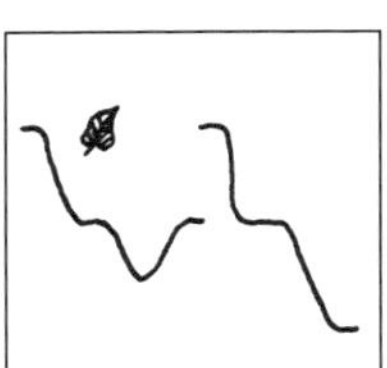  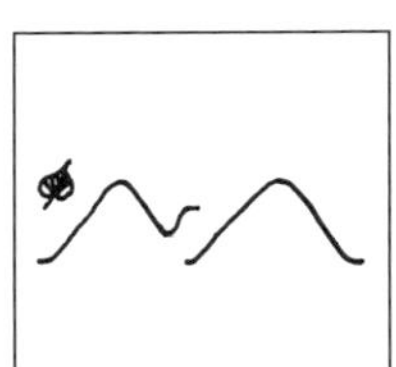 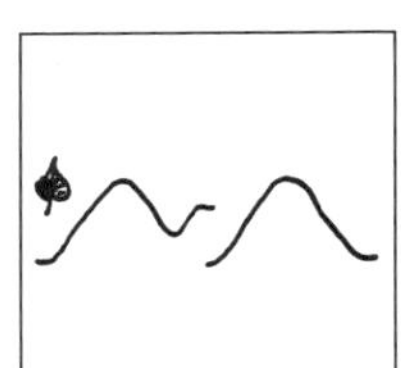

### 3. Vorbereitung der Instrumentalbegleitung (A-Teil + Vorspiel)

Höre, an welchen Stellen des Liedes der Rhythmus „Himmelsbaum" vorkommt, und klatsche dabei von dunkel nach hell (Vorbereitung der Glockenspiele + Triangel).

(Als *Lösung* werden anschließend vier Rhythmuskärtchen im A-Teil (je zwei pro Farbfeld) angebracht; zusätzlich benötigt man zwei weitere Kärtchen für das Vorspiel, in dem der Rhythmus ebenfalls vorkommt.)

Begleite mich im A-Teil auch stampfend (Vorbereitung der Metallophonbegleitung).

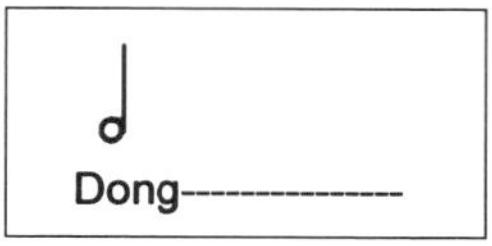


Eine Gruppe klatscht nun zu „Himmelsbaum", eine zweite stampft. Wem gelingt es, beide Klanggesten gleichzeitig auszuführen? Der Lehrer spielt zu jeder Übung stets die Melodie des ganzen Liedes dazu.

### 4. Vorbereitung der Instrumentalbegleitung (B-Teil)

Erkenne, wann der B-Teil des Liedes erklingt, und begleite mich patschend! Der Wechsel der Achtel wird auf den Knien angedeutet (innen – außen). Als optische Hilfe dient ein weiteres Rhythmuskärtchen:

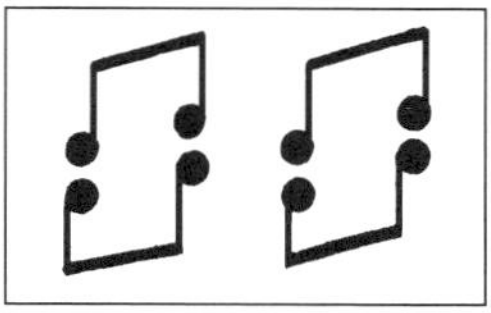

Nachdem alle Schüler den motorischen Ablauf geübt haben, singt/spielt der Lehrer die ganze erste Strophe (auch mehrmals).

### 5. Gemeinsames Singen des Liedes

Die Klasse liest den Text zunächst gemeinsam (Liedblatt oder Folie) und spricht ihn im Rhythmus des Liedes. Danach folgt ein Rätsel, mit dem festgestellt werden kann, ob die Kinder Text und Melodie des Liedes bereits richtig einander zuordnen: Der Lehrer spielt die Melodie ein Stück weit an, die Schüler lesen leise mit und stellen anschließend fest, bei welchem Wort der Lehrer abgebrochen hat. Beim anschließenden gemeinsamen Singen aller Schüler sollte auf folgende Punkte geachtet werden:

- Sprich den Text deutlich!
- Versuche, erst am Ende einer ganzen Zeile zu atmen (nach dem Wort „nieder").
- Wer kann singen und sich gleichzeitig selbst mit den geübten Klanggesten begleiten?

### 6. Spielen mit Instrumenten

Die Stabspiele müssen vor dem Unterricht präpariert werden (Herausnehmen der nicht benötigten Tonstäbe/bekleben mit Farbpunkten). Im B-Teil kann das beliebig kleine Schlagwerk (Claves, Handtrommel, Schellen ...) eingesetzt werden. Die Schüler improvisieren einen eigenen Rhythmus oder spielen die vorgegebenen Achtel der Xylophone mit. Je nach Anzahl erhält nur jeder dritte oder vierte Schüler ein Instrument; dabei ist zu beachten, dass auf den Stabspielen stets mit zwei Schlägern gespielt wird (daher die zweistimmige Notation). Bei der Instrumentenausgabe zeigt der Lehrer den Schülern, auf welche Töne der geübte Rhythmus zu übertragen ist. Wer kein Instrument bekommen hat, spielt weiterhin mithilfe von Klanggesten mit.

Nach einer Strophe werden die Instrumente im Kreis weitergegeben und die Schüler erklären ihrem Nachbarn, welche Töne zu verwenden sind. Der Lehrer spielt/singt immer wieder die ganze Melodie des Liedes dazu.

### 7. Aufführung

Ein Teil der Schüler übernimmt den Instrumentalpart, der andere Teil den Gesangspart. Die Vor- und Zwischenspiele der Melodieinstrumente sollten, damit sie leichter und ohne Zeitaufwand eingesetzt werden können, zuvor als Hausaufgabe (oder in der Blockflötenstunde) geübt werden. Sänger und Instrumentalisten tauschen ihre Aufgaben. Aufgrund der vorherigen methodischen Vorgehensweise ist dieser Wechsel jederzeit möglich.

Als zusätzliche Motivation und zur Steigerung der Konzentration könnte eine Tonaufnahme des Liedes gemacht werden. Mutige Klassen führen anderen Lehrern, Schülern oder auch dem Hausmeister ihr Lied vor. Das „Goldne Blatt" eignet sich aufgrund des Inhaltes und seiner Lebendigkeit als Abschlusslied einer Advent- und Weihnachtskantate. Gedichte und Prosatexte ergänzen die Aussagen der Lieder und übernehmen dort, wo ein geeignetes Instrumentalstück fehlen sollte, die Überleitung (siehe auch „Klöpfeleslied" und „Sternentanz").

# Rodelreise

Text: James Krüss
Musik: Helmut Maschke

**Vorspiel / Nachspiel**

Glsp. glissando

**Lied**

1. Hast du ei--nen Schlit-ten, Klei-ner, geht es dir be--son-ders fein: Al—le Bu—ben,

Klaus und Heiner, Paul und Max und Rolf und Rainer, woll'n dann dei-ne Freun-de sein.
(Einsatz Nachspiel)

2. Aber du nimmst nur die Mädchen Klara, Lisa und Birgitt, Resi, Manja, Ruth und Käthchen und die andern aus dem Städtchen auf die Rodelreise mit.
3. Schrecklich schrei'n die kleinen Tröpfe, wenn es steil nach unten geht. Munter flattern Bubenschöpfe, lustig wehen Mädchenzöpfe, und die Welt ist wie verdreht.
4. Alle Tanten der Familie sehen ihnen ängstlich nach. Tante Jutta und Ottilie, Tante Zitta und Emilie rufen bange: Weh und ach!
5. Vorsicht, Kinder, Tannenwurzeln! Ach, zu spät! O weh! O weh! Kinder, Schlitten, Schuhe purzeln, knurzeln, schnurzeln, hurzeln, sturzeln durcheinander in den Schnee.

**ostinate Begleitung**

Alt-Xylophon

Handtrommel
Becken

Bass-Xylophon

## A. Möglichkeiten der Liedeinführung

### 1. Einsingen mit einem Motiv aus dem Lied

Paul, Max, Rolf und Rainer haben beschlossen, zum Schlittenfahren zu gehen. Sie sausen den Berg hinunter mit der Klangsilbe „iiiiiiiischummm". Die Kinder üben das Glissando in freier Tonalität; jeder Schüler sucht sich seine eigene Starthöhe und den Zielpunkt aus. Zentrum der nachfolgenden Übungen sind die Intervalle des Liedes in Takt 7 und 8 (Sextsprung + Quintsprung nach unten).

Der Lehrer gibt Ausgangs- und Zielton an. Dabei sollte versucht werden, in unterschiedlichen Tonarten zu üben.

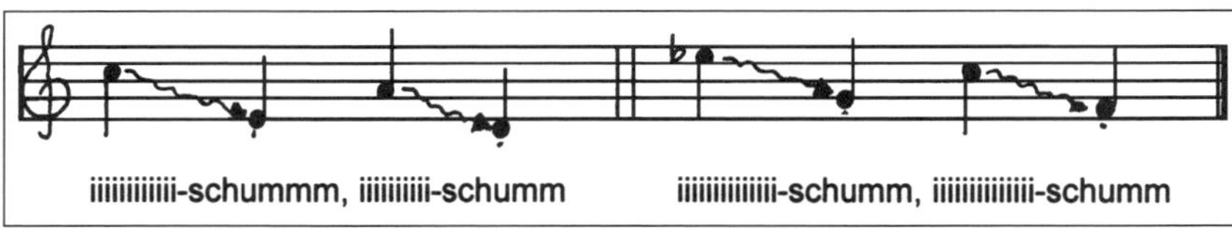


Mit diesem Motiv spielen wir ein wenig weiter. So könnte es klingen, wenn ihr damit im Schnee herumstapft:

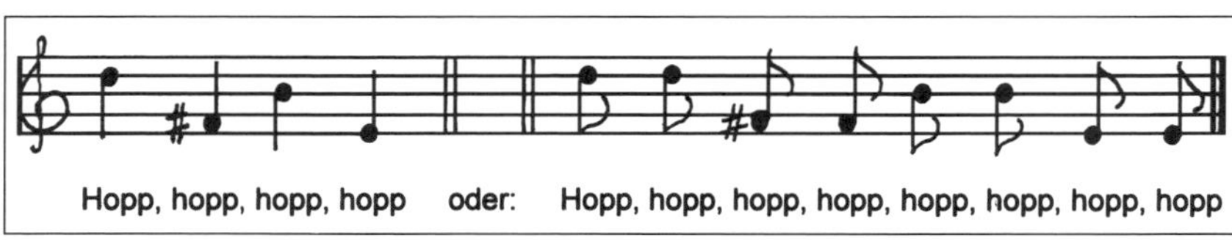


Die Schüler können das Motiv als ihr Geheimzeichen verwenden und es summen, pfeifen, mit den Silben „bomm" oder „dü" singen.

### 2. Aufgaben zur Vorstellung des Liedes

a) Erkenne, an welcher Stelle das Geheimzeichen vorkommt!
(*Lösung:* Das Geheimzeichen hat sich genau an der Stelle versteckt, wo die Jungennamen im Lied genannt werden, Takt 7 und 8.)

b) Die Jungen haben die Schlittenberge aufgemalt. Bringe sie (= Liedkurven) in die richtige Reihenfolge!
(*Lösung:* Die Reihenfolge der Schlittenberge, die Paul, Max, Rolf und Rainer hinuntersausen, sieht so aus wie auf der folgenden Seite.)

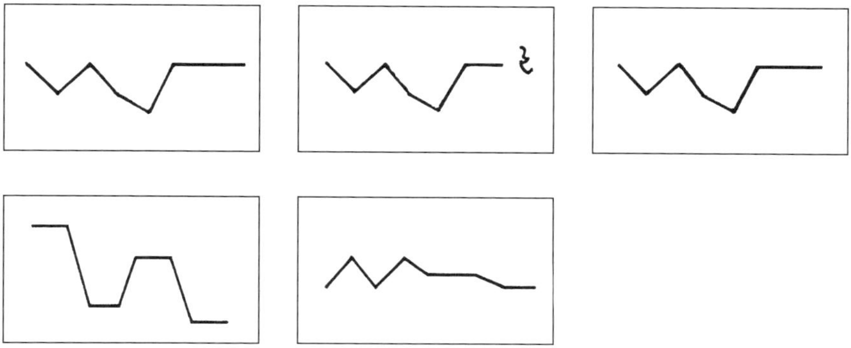

c) Stelle fest, welcher Junge mit seinem Schlitten am höchsten startet, welcher am zweithöchsten usw.!
(*Lösung:* Paul startet vom höchsten Berg, Rolf vom zweithöchsten, Max fährt vom dritthöchsten weg und Rainer vom niedrigsten.)

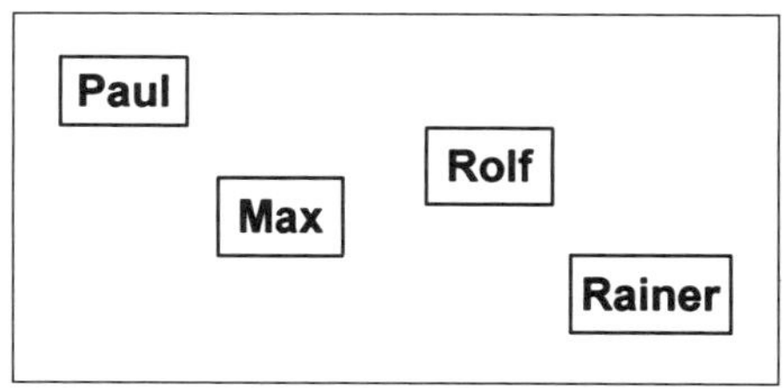


Der Lehrer singt und spielt das Lied mehrmals vor; auch zur Bestätigung der gefundenen Lösungen muss die Melodie erklingen.

### 3. Vorbereitung der Instrumentalbegleitung

Die Schüler patschen die Achtelbewegungen auf den Knien (erster Takt des Begleitostinatos); die Viertel (zweiter Takt) werden gestampft. Dadurch kann der motorische Ablauf der Begleitung mit allen Kindern geübt werden.

Als Texthilfe wird dazu gesprochen: „Hast du einen Schlitten?“ Im Vorspiel erklingen in den Pausen der Melodie Glockenspiel-Glissandi. Diese können vorab ebenfalls durch eine Geste (Nachahmen des Hinabsausens der Schlitten) ersetzt werden. Zu allen Übungen singt oder spielt der Lehrer das vollständige Lied.

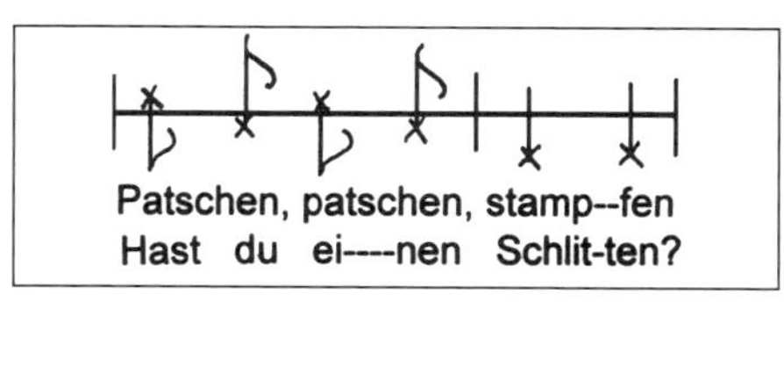

### 4. Spielen auf Instrumenten

Die Stabspiele müssen vor dem Unterricht präpariert werden (herausnehmen der nicht benötigten Tonstäbe/bekleben mit Farbpunkten). Je nach Anzahl erhält nur jeder dritte oder vierte Schüler ein Instrument; dabei ist zu beachten, dass auf den Stabspielen stets mit zwei Schlägern gespielt wird (daher die zweistimmige Notation). Bei der Instrumentenausgabe zeigt der Lehrer den Schülern, auf welche Töne der geübte Rhythmus zu übertragen ist. Wer ohne Instrument bleibt, spielt weiterhin mithilfe von Klanggesten mit. Nach einer Strophe werden die Instrumente im Kreis weitergegeben und die Schüler erklären ihrem Nachbarn, welche Töne zu verwenden sind. Der Lehrer spielt/singt immer wieder die ganze Melodie des Liedes dazu.

### 5. Gemeinsames Singen des Liedes

In der letzten Strophe sollte unbedingt auf die reizenden lautmalerischen Verben eingegangen werden. Wegen der Textfülle ist es aber durchaus sinnvoll, wenn in der ersten Unterrichtseinheit nur zwei Strophen des Liedes besprochen und gesungen werden. Immerhin ist damit ein Gleichgewicht zwischen den Geschlechtern hergestellt: Die erste Strophe erzählt von den Jungen, die zweite Strophe von den Mädchen.

Der Lehrer spielt die Melodie ein Stück weit an, die Schüler lesen leise mit und stellen anschließend fest, bei welchem Wort der Lehrer abgebrochen hat. Mit diesem Texträtsel lässt sich erkennen, ob die Kinder bereits Text und Melodie richtig zuordnen.

Alle sprechen den Text im Rhythmus des Liedes und singen dann die Liedteile im Wechsel zwischen Lehrer und Schülern oder Mädchen und Jungen, bis das komplette Lied gemeinsam gesungen wird. Dabei wie immer auf deutliche Aussprache, richtige Tonhöhe und ökonomisches Atmen achten.

Wer kann singen und sich gleichzeitig selbst mit den geübten Klanggesten begleiten?

### 6. Aufführung des Liedes

Ein Teil der Schüler übernimmt den Instrumental-, der andere den Gesangspart. Die Vor- und Zwischenspiele der Melodieinstrumente sollten zuvor als Hausaufgabe (oder in der Blockflötenstunde) geübt werden, damit sie leichter und ohne Zeitaufwand eingesetzt werden können. Sänger und Instrumentalisten tauschen ihre Aufgaben, was bei der beschriebenen Vorgehensweise ohne Probleme möglich ist. Als zusätzliche Motivation und zur Steigerung der Konzentration könnte das Lied auf einen Tonträger aufgenommen werden. Zum Abschluss führt die Klasse das Lied anderen Lehrern, Schülern oder auch – zur Abwechslung – der von Schulstatistiken gestressten Sekretärin vor.

## B. Möglichkeiten der Weiterarbeit

Die nächste Musikeinheit beginnt mit der Wiederholung des Liedes. Dabei sollte in jedem Fall den Schülern Gelegenheit gegeben werden,
- Instrumental- und Gesangspart in der oben beschriebenen Weise zu tauschen
- die weiteren Strophen des Liedes (falls noch nicht geschehen) zu singen und kennenzulernen
- die letzte Strophe zu verklanglichen (Sturz der Kinder in den Schnee).

Fächerübergreifendes Arbeiten bietet sich hier ganz von selbst an: „Schlittenfahrt" ist in der Winterzeit ein bei den Kindern beliebtes Thema im Fach „Kunsterziehung" (z. B. Arbeit mit Wachsmalkreiden auf blauem Tonpapier; ein dunkler Untergrund macht es möglich, den weißen Schnee wirklich zu malen). Im Fach Musik werden dann die selbst gestalteten Bilder metrisch-frei in Klänge umgesetzt.

Zunächst wird gemeinsam besprochen, welche Dinge oder Geschehnisse eines Schlittenfahrt-Bildes nach Meinung der Kinder in Musik ausgedrückt werden sollten. Die gefundenen Möglichkeiten können in einer Tabelle gesammelt und evtl. mit Umsetzungsvorschlägen versehen werden. Geübte Kinder benötigen diese Unterstützung nicht mehr.

| **Aktion** | **Musikalische Darstellung** |
|---|---|
| Schneetreiben | Glockenspiel, Triangel |
| Schlitten fährt den Berg hinab | Glissando von oben nach unten |
| Kalter Wind | Reiben auf der Trommel |
| Sturz der Schlittenfahrer | ... |

Als Nächstes teilt der Lehrer die Klasse in Gruppen zu fünf bis sechs Schülern ein. Jede Gruppe soll Klangmöglichkeiten entwickeln, erproben und in der gewünschten Abfolge auf eine Folie schreiben. Für ihre Partitur können die Kinder grafische Zeichen wie in folgendem Beispiel verwenden.

Bei der Aufführung vor der Klasse zieht ein Schüler mit einem dünnen Stäbchen oder einem Draht langsam von links nach rechts über die grafische Partitur. Als Dirigent legt er damit fest, welches Geräusch – und in welcher Dauer – gerade zu erklingen hat. Dabei ergeben sich selbstverständlich auch Klangüberschneidungen, wenn z.B. der Schnee fällt, während die Schlitten den Berg hinabsausen. Das Musikstück wird durch die grafische Notation wiederholbar und kann bei Bedarf auch von der gesamten Klasse gespielt werden.

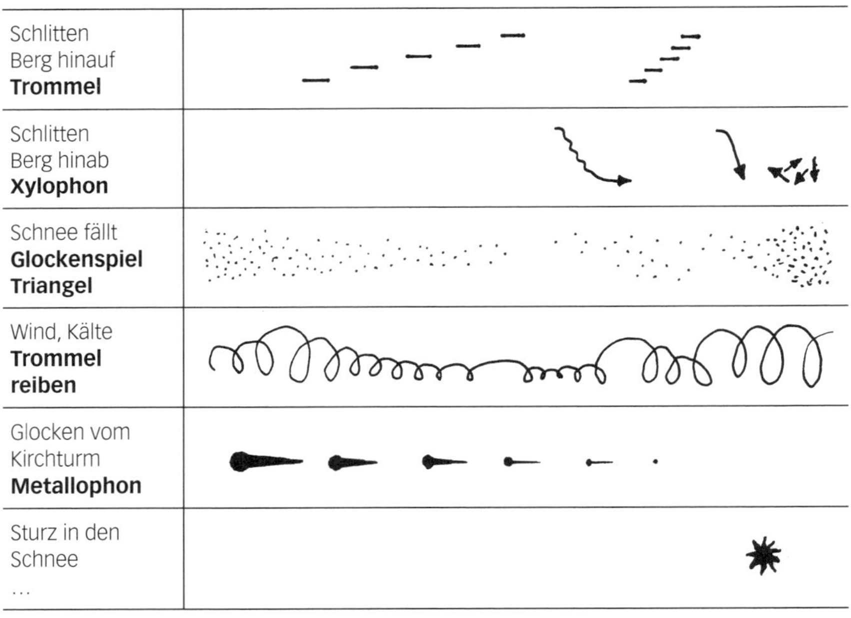


Statt auf eigene Werke aus dem Kunstunterricht kann man als Einstieg für die musikalische Verklanglichung des Schlittenfahrens auf ein Foto oder ein Bild zurückgreifen. In vielen Bilder- oder Lesebüchern finden sich passende Darstellungen zu diesem Thema (z.B. in „Das Hausbuch zur Weihnachtszeit“, ROTRAUT SUSANNE BERNER, Gerstenberg Verlag 2007).

Das Lied und seine frei-metrische Verklanglichung lassen sich als „Gesamtkunstwerk“ kombinieren: Verklanglichung – Lied – Verklanglichung. Das Rieseln des Schnees und die Melodie des Vorspiels sollten sich dabei überlagern; ebenso könnte der Wind bereits wieder zu hören sein, während noch das Nachspiel der letzten Strophe erklingt.

# 7. Hei, so treiben wir den Winter aus

(Frühlingslieder)

*Andrea Sternegger*

## Hei, so treiben wir den Winter aus

Text und Musik: Cesar Bresgen
Vorspiel und Begleitsatz: Helmut Maschke

**Vorspiel**

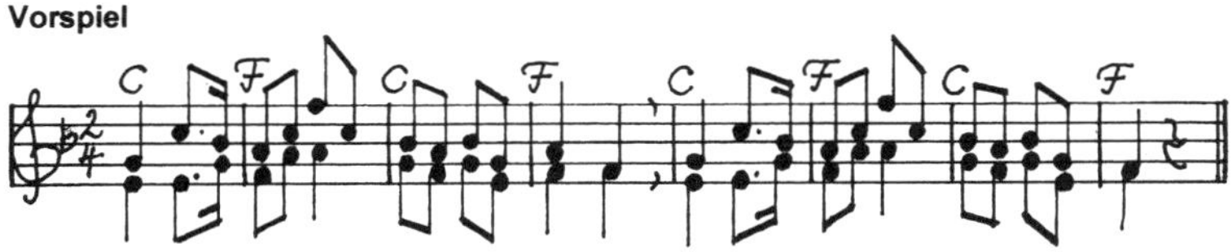

**Lied** **A-Teil** **B-Teil**

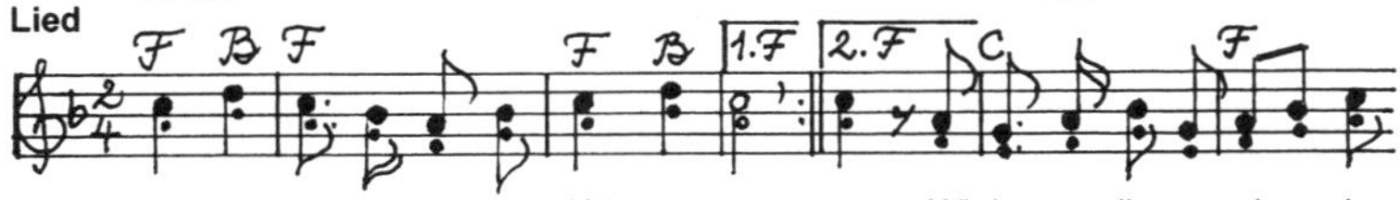

1. Hei, so trei--ben wir den Win—ter aus---, Wir ja---gen ihn zu-schan--den
ja---gen ihn aus un—serm Land hin- aus--.

**A-Teil**

hin—weg aus un---sern Lan----den. Hei, so trei---ben wir den Win—ter aus!

2. Hei, so treiben wir den Winter aus, jagen ihn aus unserm Land hinaus.
   Wir schlagen in das alte Stroh, da brennt der Winter lichterloh.
   Hei, so treiben wir ...
3. Hei, so treiben wir ...
   Wir stürzen ihn von Berg zu Tal, auf dass er sich zu Tode fall! Hei, so treiben ...

**Ostinate Begleitung:**

**A-Teil**

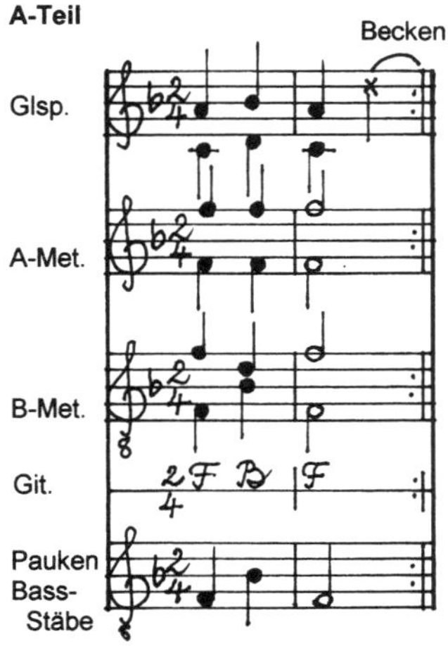


**B-Teil + Vorspiel**

## A. Möglichkeiten der Liedeinführung

Im Zeitalter der Zentralheizung und der Wärmedämmung kann sich kaum noch jemand vorstellen, wie bitter die Wintermonate für unsere Vorfahren waren. Zugefrorene Seen und Flüsse, klirrender Frost und eine tiefe Schneedecke, die oft im März noch das Bestellen der Felder unmöglich machte, ließen die Menschen mit Bangen auf den Frühling hoffen. Das „Winterbild“ von Pieter Brueghel d.Ä. verdeutlicht diesen Zustand auf beeindruckende Weise. Aus diesem Blickwinkel wird es auch für die Schüler verständlich, warum Cesar Bresgen im vorliegenden Lied alte Bräuche des Winteraustreibens aufgreift. Der Winter wird mit großem Lärm und schrecklichen Masken (Ursprung des Verkleidens in der Faschingszeit) aus dem Land vertrieben, in der Darstellung als Strohpuppe wird er verbrannt und in Form von feuersprühenden Rädern, die rollend ins Tal donnern, zu Tode gestürzt.

### 1. Arbeitsaufträge zum Vorstellen des Liedes

a) Stelle fest, in welcher Taktart dieses Lied steht!
Der Lehrer heftet als Hilfestellung die Darstellung der Dirigierbewegung von Zweier- und Dreiertakt an die Tafel (Dirigierbewegungen evtl. wiederholen).

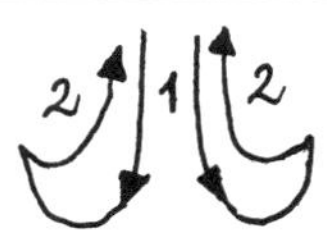


Zweiertakt

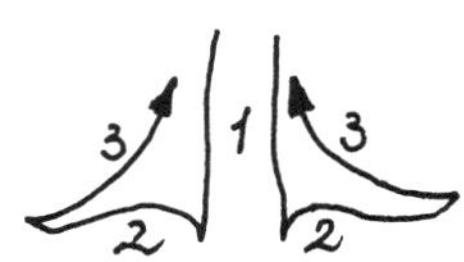


Dreiertakt

(*Lösung:* Das Lied steht im Zweiertakt. Zur Bestätigung dieser Feststellung laufen (= Zweiertakt) und dirigieren die Kinder, während der Lehrer das Lied singt/spielt.)

b) Erkenne die Liedform: Wo gibt es Motive, die sich wiederholen – und wann erklingen neue Melodieteile?
Da der Text oftmals vom eigentlichen musikalischen Verlauf des Liedes ablenkt, empfiehlt es sich, dieses (zusätzlich zur gesungenen Version) auch rein instrumental vorzustellen.
(*Lösung:* Das Lied weist folgende Form auf: A, A, B (bb), A'. Der vierte Teil ist bis auf die letzten Töne identisch mit den beiden ersten Melodien;

daher wird der vierte Teil mit A' bezeichnet. Die Liedform könnte mit Liedstreifen verdeutlicht werden. Die Verwendung von verschiedenen Farben für die Textstreifen versteht sich von selbst. Wichtig ist, dass über dem Text noch etwas Platz bleibt, um später Noten hinzufügen zu können (siehe Punkt 2).)

**A-Teil:** Hei, so treiben wir den Winter aus,

**A-Teil:** ...jagen ihn aus unserm Land hinaus.

(b) (b)
**B-Teil:** Wir jagen ihn zuschanden hinweg aus unsern Landen.

**A'-Teil:** Hei, so treiben wir den Winter aus!

c) Melodierätsel: Der Lehrer spielt die Liedteile in unterschiedlicher Reihenfolge an. Die Kinder ordnen zu. Die Kinder können als Antwort auch den dazugehörigen Text vorlesen. Dabei wird deutlich, dass die beiden ersten A-Teile musikalisch vollkommen identisch sind, wogegen der letzte A-Teil, weil er auf dem Grundton endet, einen anderen Schluss aufweist. Die Schüler sind durchaus in der Lage, dies (freilich in ihrer eigenen Sprache) zu verbalisieren.

**2. Bewusstmachen des punktierten Rhythmus**

Stelle fest, wie oft in unserem Lied dieser Rhythmus vorkommt:

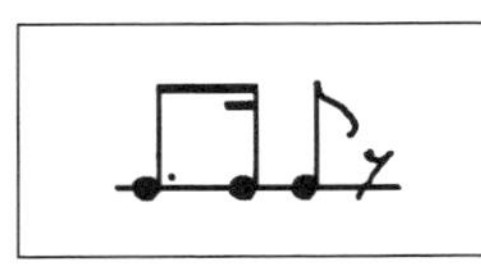

Der Lehrer singt/spielt die Melodie mehrmals vor, die Kinder klatschen (patschen, stampfen ...) an den entsprechenden Stellen (*Lösung:* insgesamt fünfmal). Der Lehrer bestätigt die Feststellung, indem er im Textstreifen die Rhythmen einträgt:

### 3. Vorbereitung der Instrumentalbegleitung mithilfe von Klanggesten

Die Instrumentalbegleitung (Punkt 3 und 4) kann in der ersten Unterrichtseinheit aus Zeitgründen wegfallen und auf die zweite Einheit verlegt werden. Diese beginnt dann mit dem Singen des Liedes ohne Begleitung (Wiederholung).

a) Stampfe bzw. schnipse (mit beiden Füßen, mit beiden Händen) folgenden Rhythmus; der rhythmisch-motorische Ablauf bereitet die Instrumentalbegleitung für die *A-Teile* vor:

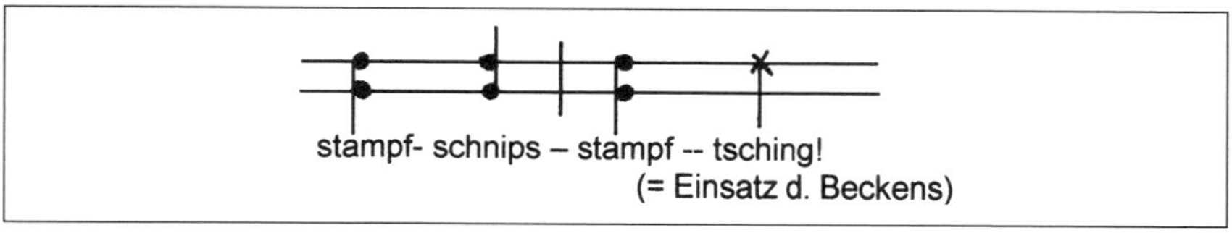


Als rhythmische Hilfe dient z. B. der geflüsterte Text „Zieh hin-aus! Fort!“.

b) Klatsche hell (= Töne der fünften Stufe, C-Dur) und dunkel (= Töne der ersten Stufe, F-Dur) im Wechsel; der rhythmisch-motorische Ablauf bereitet die Instrumentalbegleitung des *B-Teils* sowie des *Vorspiels* vor.

Als rhythmische Hilfe dient hier der Text: „Fort mit dir, weg mit dir!“ Der Lehrer singt/spielt zu den Übungen jeweils das ganze Lied.

### 4. Arbeit mit den Stabspielen

Die Stabspiele (= Glockenspiele, Xylophone) müssen vor dem Unterricht präpariert werden (nicht benötigte Tonstäbe herausnehmen oder umdrehen). Je nach Anzahl erhält nur jeder dritte oder vierte Schüler ein Instrument; dabei ist zu beachten, dass immer mit zwei Schlägern gespielt wird (daher die zweistimmige Notation). Der geübte Rhythmus wird auf die vorgegebenen Begleitakkorde übertragen. Wer kein Instrument bekommen hat, spielt weiterhin mithilfe von Klanggesten mit. Nach einer Strophe werden die Instrumente im Kreis weitergegeben und die Schüler erklären ihrem Nachbarn, welche Töne zu verwenden sind. Das Vorspiel sollte vor der Musikeinheit mit den Instrumentalisten (Blockflöte, Querflöte, Geige …) geübt werden. Somit wird die Gefahr vermieden, dass während des Unterrichts der Großteil der Schüler eine Zeit lang nicht beschäftigt ist.

### 5. Arbeit am Liedtext

Zur Sicherung des Textes sollte dieser gemeinsam gelesen und besprochen werden. Die Schüler erhalten entweder ein Liedblatt oder der Text wird an der Tafel oder auf Folie präsentiert.

Mithilfe des bekannten Texträtsels (der Lehrer spielt die Liedmelodie ein Stück weit an und die Kinder lesen den Text leise mit; anschließend sagen die Schüler, bei welchem Wort die Melodie abgebrochen wurde) kann überprüft werden, ob die Kinder Melodie und Text bereits richtig einander zuordnen.

### 6. Gemeinsames Singen – Dirigieren im Zweiertakt

Das Singen der Kinder erfolgt ohne Stabspiele, damit alle Beteiligten sich auf die Melodie des Liedes konzentrieren können. Der Lehrer (oder Tonträger) übernimmt die Begleitung des Liedes und die Ausführung der Zwischenspiele. Dabei ist auf das richtige Singen der Liedmelodie, auf deutliches Sprechen und exakte Ausführung des punktierten Rhythmus zu achten.

Gleichzeitig mit dem Singen dirigieren alle Schüler das Lied im Zweiertakt mit.

### 7. Aufführung mit Gesang und Instrumenten

Jeder zweite (oder dritte) Schüler erhält ein Instrument (siehe oben). Die anderen Kinder sind der Chor und übernehmen den Gesangspart. Nach einer Strophe werden die Instrumente getauscht; wer jetzt kein Xylophon, Glockenspiel, Becken … hat, übernimmt den Gesangspart! Jeweils ein Schüler darf die Aufführung dirigieren. Vorspiel und Lied beginnen ohne Auftakt; das macht es einfacher, den Einsatz richtig anzugeben.

## B. Möglichkeiten der Weiterarbeit

Das Lied ist sehr klar strukturiert, was es den Schülern erleichtert, selbst eine Tanzform zu erfinden. Als Hilfestellung können die Wortstreifen dienen, die die Struktur des Liedes verdeutlichen. Mädchen und Jungen tanzen während der Grundschulzeit nicht unbedingt gerne miteinander. Daher empfiehlt es sich, zwei Gruppen zu bilden, die den Auftrag erhalten, unabhängig voneinander (evtl. in getrennten Räumen) eine eigene Tanzform zu entwickeln. Falls die Kinder noch nicht in der Lage sind, sich eigenständig singend zu begleiten, sollte den Gruppen das Lied auf einem Tonträger zur Verfügung stehen. Der wohlpräparierte Lehrer hat aber selbstverständlich eine eigene Tanzform parat (die hier bewusst nicht mit der Kreisform als der einfachsten Ausgangsstellung arbeitet):

| | |
|---|---|
| Aufstellung | Zwei Reihen stehen sich in weitem Abstand gegenüber, Hände nicht gefasst |
| Vorspiel | beide Hände einstützen, mit acht Schritten um die eigene Achse drehen (rechte Schulter zurück); bei der Wiederholung in die andere Richtung drehen |
| A-Teil | Hände gefasst, die Reihen gehen mit acht Schritten aufeinander zu |
| A-Teil | Hände gefasst, die Reihen gehen mit acht Schritten auf den Platz zurück |
| B-Teil | Bewegung des Schimpfens viermal mit der rechten Hand; bei der Wiederholung viermal mit der linken Hand |
| A-Teil | Arme eingestützt; achtmal Hüpfen auf der Stelle, die Füße schwingen dabei wechselweise vor. |

Die Gruppen führen sich gegenseitig ihre erarbeiteten Tanzformen vor. Die Zuschauer begleiten die Tänzer singend. Nach einem Vergleich der beiden Ergebnisse und einem Gespräch mit den Kindern ist es vielleicht möglich, alle Fassungen zu einer gemeinsamen Tanzform zu vereinen.

# Rums, dideldums, didel Dudelsack

Text: Karola Wilke
Musik: Wolfgang Stumme

**Vorspiel / Zwischenspiel**

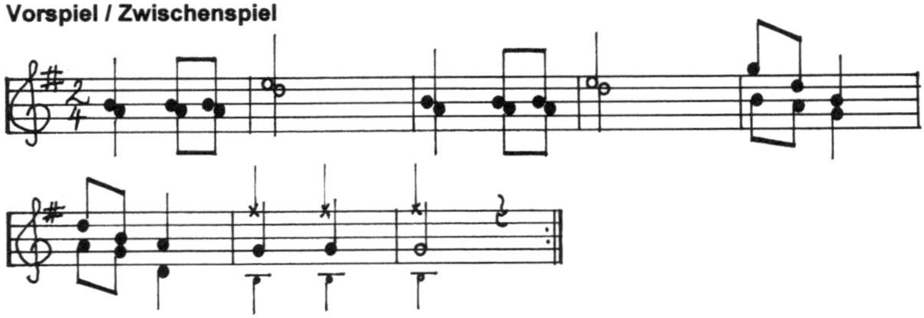

**Lied**

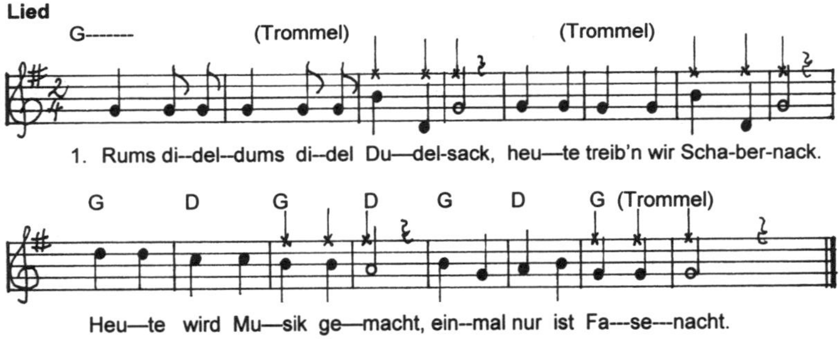


2. Rums didel dums didel Fidelbogen, heute wird durchs Dorf gezogen. Keiner soll uns Narren kennen, uns bei unser'm Namen nennen.
3. Rums didel dums didel Paukenschlag, ab morgen zähl'n wir jeden Tag, bis das alte Jahr verklingt, uns die neue Fastnacht bringt.

**Begleitung**

**Vorspiel + 1. Zeile**

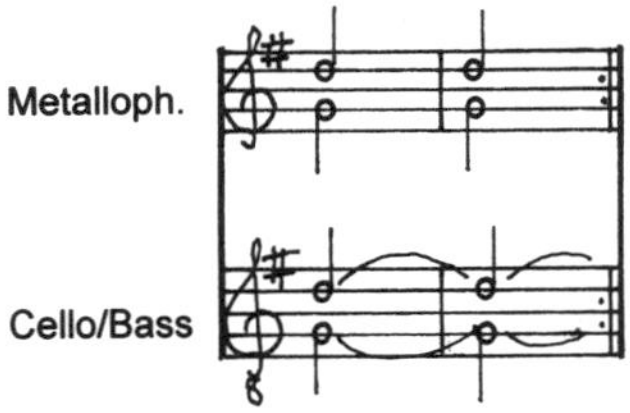


**2. Zeile**

Vorspiel u. Begleitsatz:
Helmut Maschke

# A. Möglichkeiten der Liedeinführung

## 1. Aufgaben zur Vorstellung des Liedes

a) In der ersten Strophe hat sich der „Dudelsack" mehrmals versteckt. Höre zu und finde heraus, wo der Rhythmus noch vorkommt! Klatsche dabei!

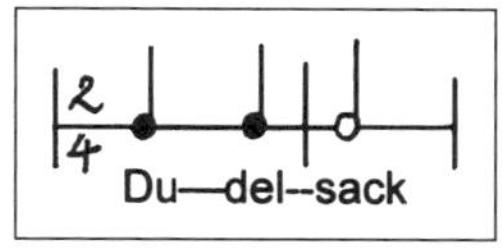


(*Lösung:* Das rhythmische Motiv kommt in der ersten Strophe viermal vor. Der Lehrer heftet die Motivkärtchen über den entsprechenden Stellen eines Melodie-Text-Streifens an. Zur Bestätigung hören die Kinder nochmals die Strophe und klatschen den bezeichneten Rhythmus.)

b) Gibt es im Lied Melodiewiederholungen?
(*Lösung:* Der Melodie-Text-Streifen macht deutlich, dass die Takte 5 bis 8 eine Wiederholung der Takte 1 bis 4 darstellen. Zur Bestätigung des Ergebnisses laufen die Kinder zur Melodie des Liedes. Sie gehen rückwärts, wenn sie die Wiederholung hören und bewegen sich wieder vorwärts bei einem neuen Melodieteil.)

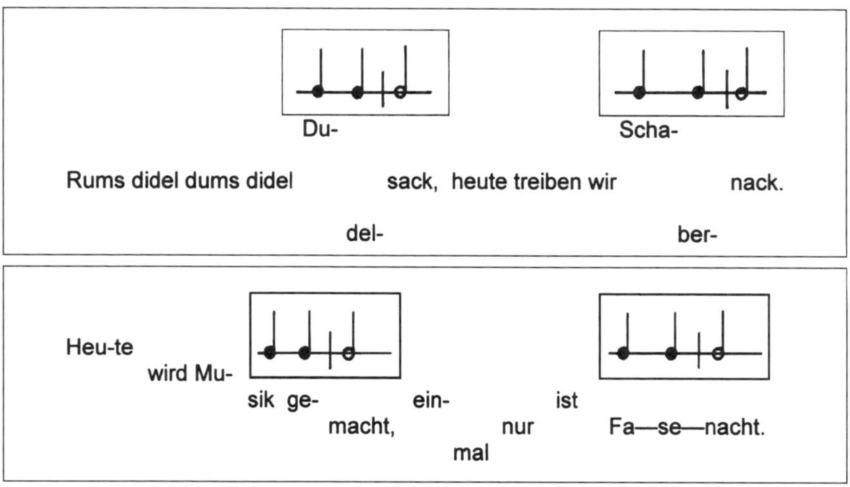


## 2. Bewegung zum Lied

Der Lehrer singt/spielt das Lied. Die Kinder bewegen sich dazu wie ein Clown, ein Prinz, eine Fee, ein Pferdchen usw. Sobald die Melodie an einer beliebigen Stelle abgebrochen wird, erstarren sie in der typischen Haltung der getanzten Figur (= lebendes Bild).

In einer nächsten Übung stampfen die Schüler dabei zusätzlich dreimal auf den Boden, wenn das rhythmische Motiv des „Dudelsack“ zu hören ist. Das kann auch umgekehrt geschehen: Die Kinder bewegen sich nur, wenn das Lied nicht erklingt, und erstarren beim Einsatz der Musik.

Jeweils nur die Hälfte der Klasse führt die Bewegungsaufgaben aus. Wenn die Tänzer zum „Foto“ erstarrt sind, rät die andere Gruppe, welche Figuren dargestellt wurden. Anschließend werden die Aufgaben getauscht. Zur Bewegung erklingt immer wieder die Melodie des Liedes.

Die bunte Faschingsgesellschaft entwickelt selbst einen Tanz zum Lied (Gruppenarbeit; jede Gruppe benötigt einen eigenen Tonträger). Dabei muss die Melodiewiederholung auch in der Tanzform zum Ausdruck kommen. Die Gruppen führen sich gegenseitig ihre Ergebnisse vor. Zu diesem Zeitpunkt singen die Kinder das Lied noch nicht selbst.

Zum Schluss werden möglichst aus beiden Tanzfassungen Elemente übernommen und zu einer gemeinsamen Form zusammengefügt.

### 3. Vorbereitung der ostinaten Begleitung

Der rhythmisch-motorische Ablauf der Begleitung kann mithilfe von Klanggesten folgendermaßen vorbereitet werden:

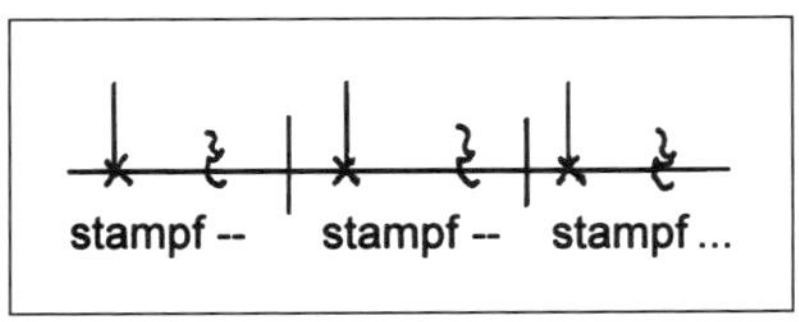


Erste Zeile und Vorspiel: Metallophon; die Kinder stampfen.

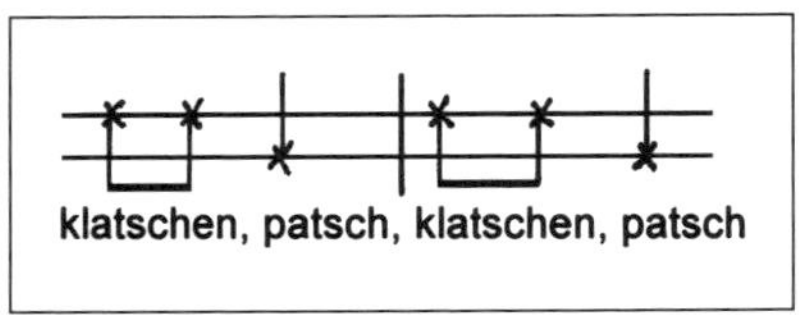


Zweite Zeile: Xylophone; die Kinder klatschen (Töne G-Dur: g, h, d) und patschen (Töne D-Dur: d, fis, a).

Am Ende der Zeile ist darauf zu achten, dass im letzten Takt kein Wechsel auf die fünfte Stufe (= D-Dur) erfolgt, sondern die erste Stufe (G-Dur) beibehalten werden muss. Deshalb endet die Abfolge mit einem dreimaligen Klatschen (= zweiter Schluss). Zu den Übungen singt/spielt der Lehrer immer wieder das Lied.

### 4. Spielen auf Instrumenten

Es ist in jedem Fall hilfreich, wenn die Stabspiele (= Metallophon, Xylophon) vor dem Unterricht präpariert werden (herausnehmen der nicht benötigten Tonstäbe/bekleben mit Farbpunkten). Je nach Anzahl erhält nur jeder dritte oder vierte Schüler ein Instrument, dabei ist zu beachten, dass auf den Stabspielen stets mit zwei Schlägern gespielt wird (daher die zweistimmige Notation). Bei der Instrumentenausgabe zeigt der Lehrer den Schülern, auf welche Töne der geübte Rhythmus zu übertragen ist. Wer ohne Instrument ist, spielt weiterhin mit Klanggesten mit. Nach einer Strophe werden die Instrumente im Kreis weitergegeben und die Schüler erklären ihrem Nachbarn, welche Töne zu verwenden sind. Der Lehrer spielt/singt immer wieder die ganze Melodie des Liedes dazu.

### 5. Singen des Liedes

Die Kinder sprechen die Strophen zunächst frei-metrisch mit unterschiedlicher Betonung wie ein Clown, wie eine Hexe, wie ein Indianer, wie die Biene Maya, wie eine Prinzessin, wie ein Punker, wie ein Zauberer … Anschließend wird der Text metrisch gebunden (= im Rhythmus des Liedes) gesprochen. In der dritten Strophe ist darauf zu achten, dass das Wörtchen „ab" (erste Zeile) als Auftakt zum Takt 5 ausgeführt wird:

Die Klasse singt gemeinsam das Lied. Auf diese Weise kann das Singen abwechslungsreicher gestaltet werden:

- Der Lehrer ist der Vorsänger; die Kinder singen nur die Wiederholungen.
- Die Mädchen übernehmen die Rolle des Lehrers; die Jungen singen die wiederholten Liedteile.
- Alle Cowboys und Indianer singen die erste Zeile, alle Feen und Prinzessinnen sind für die zweite Zeile verantwortlich.
- Wer ein Haustier besitzt, singt die erste Zeile …
- Wer ein Loch im Strumpf hat, singt …
- Wer mit dem linken Auge zwinkern kann …

Danach singen die Kinder und führen dabei gleichzeitig die gefundene Tanzform aus.

### 6. Aufführung

Ein Teil der Schüler übernimmt den Instrumentalpart, der andere Teil den Gesangs- und Tanzpart. Die Vor- und Zwischenspiele der Melodieinstrumente sollten, damit sie leichter und ohne Zeitaufwand eingesetzt werden können, zuvor als Hausaufgabe (oder in der Blockflötenstunde) geübt werden.

Das rhythmische Motiv „Dudelsack“ kann mit selbst gebastelten Instrumenten wie Schüttelbecher oder Brummtopf ausgeführt werden.

Sänger und Instrumentalisten tauschen ihre Aufgaben, was leicht möglich ist, weil alle Kinder Lied und Begleitung eingeübt haben. Zum Abschluss ziehen alle Künstler von Klasse zu Klasse und führen ihr Faschingslied den anderen kleinen (und großen) Narren der Schule vor.

## B. Möglichkeiten der Weiterarbeit

Der Rhythmus des Vorspiels (Melodieinstrumente) kann in folgender Weise auf Schlaginstrumente übertragen werden:

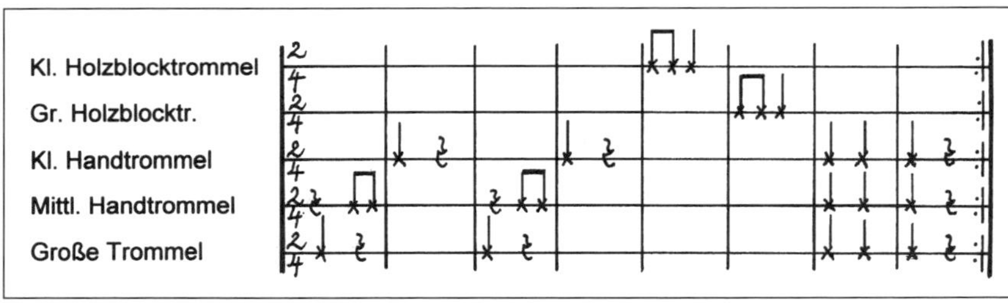


Auch dieses Stück sollte mit Klanggesten vorbereitet werden, um jeden Schüler aktiv einzubeziehen.

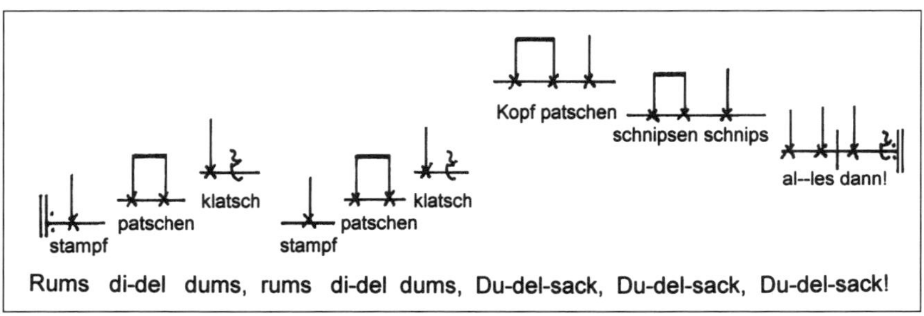


Der unterlegte Text dient als rhythmische Hilfe sowohl für die Klanggesten als auch für die Ausführung mit Instrumenten. Damit die Sänger den richtigen Anfangston der Strophen finden, empfiehlt es sich, zusätzlich zu den Rhythmusinstrumenten die Metallophonbegleitung (Töne „g“ und „d“) mitspielen zu lassen.

# Im April

Text: nach der Überlieferung
Musik: Helmut Maschke

**Vorspiel / Nachspiel**

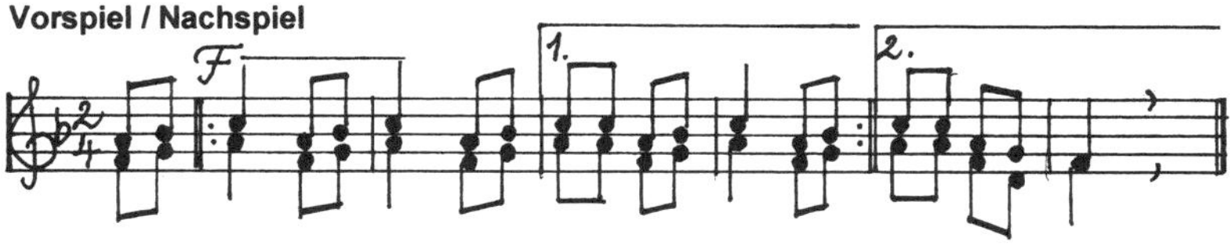

**Lied**

**Str.:** Ein---mal gibt es Son—nen—schein ( im A-pril, im A-pril, im A-pril, im A-pril)
Und dann reg---net's zwi—schen-drein.
Aus der Wol—ke zuckt ein Blitz,
und dann schneit es. So ein Witz!

folgt: **Refrain** und **Nachspiel**

**ostinate Begleitung**

**a) zu Refrain u. Vorspiel**

Alt-Xyl.

Alt-Xyloph.

Bass-Xylophon

**b) zu den Strophen**

Glockenspiel

Metallophon

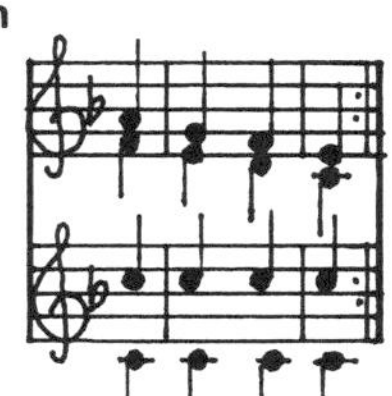

## A. Möglichkeiten der Liedeinführung

### 1. Hinführung zum Lied

Ein guter Einstieg in das Thema „Aprilwetter“ geschieht über vier Bilder bzw. Kärtchen, auf denen folgende Darstellungen zu sehen sind: Blitz, Regen, Schnee und Sonne. Auch ein passendes Gedicht eignet sich gut, um mit den Kindern über das wechselhafte Wetter im April ins Gespräch zu kommen.

### 2. Aufgaben zur Vorstellung des Liedes

Der Lehrer singt das Lied vor und stellt dazu folgende Aufgaben:

a) Bringe die Bilder (Blitz, Regen …) in die Reihenfolge, wie sie im Lied vorkommen!
(*Lösung:* In den Strophen kommen die Wettererscheinungen in der Reihenfolge Sonne, Regen, Blitz, Schnee vor.)

b) Erkenne, wie viele Teile das Lied hat!
(*Lösung:* Das Lied besteht aus drei Teilen. Als Bestätigung heftet der Lehrer ein Kärtchen mit nebenstehenden Angaben an die Tafel.)

| Refrain – | Strophenteil – | Refrain |
|---|---|---|
| AA' | bbbb = B | AA' |

### 3. Analyse der Melodie

Für die A-Teile (= Refrain) gibt der Lehrer zwei Liedkurven vor. Die Schüler sollen nun erkennen, wie sich die Schlüsse der beiden A-Teile unterscheiden. Dazu singt oder spielt der Lehrer die Melodie des Liedes. Das Ergebnis der Analyse lautet folgendermaßen:

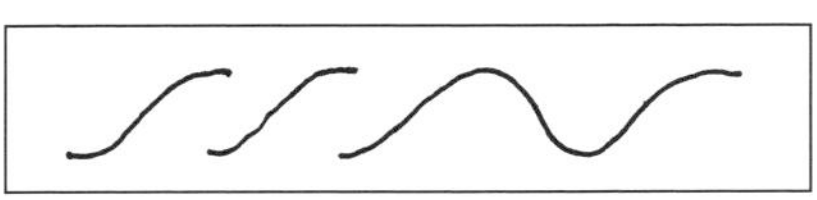

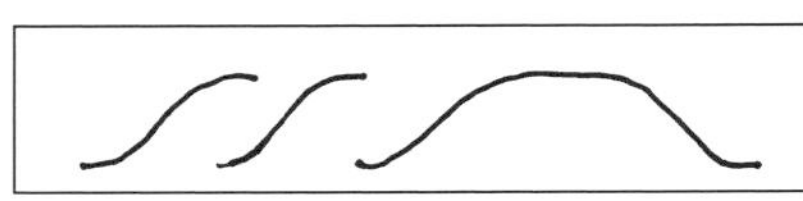

Zusätzlich verbalisieren die Kinder das Ergebnis: Der erste A-Teil endet „oben“ (fünfte Stufe), der zweite A-Teil „unten“ (= Grundton). Das nachfolgende Rätsel nutzt die an der Tafel angebrachten Melodiekurven und das Strukturkärtchen. Der Lehrer spielt auf einem Instrument die unterschiedlichen Motive in beliebiger Reihenfolge (A-Teil – A'-Teil – B-Teil); die Schüler stellen fest, welcher Liedteil erklungen ist.

## 4. Vorbereitung des Instrumentalspiels

Die instrumentale Begleitung wird mithilfe von Klanggesten mit der ganzen Klasse geübt.

Zum *A-Teil* (auch Vorspiel) patschen die Schüler den Rhythmus der Xylophone auf beide Knie, dabei wird auch der Wechsel der Töne vorbereitet. Als Unterstützung für rhythmisch schwache Schüler kann der Text „Im April" leise dazu gesprochen werden.

Außenseite des rechten Knies

Innenseite des rechten Knies

Innenseite des linken Knies

Außenseite des linken Knies

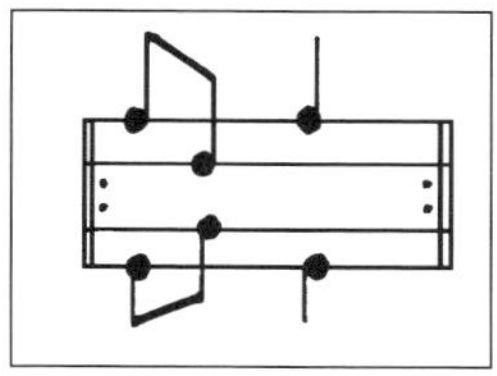

Zum *B-Teil* schnipsen (oder klatschen) die Kinder mit beiden Händen den Rhythmus der Glockenspiele in die Luft von rechts oben nach links unten. Als Hilfe dient z.B. der Text: „Ja schau mal an!"

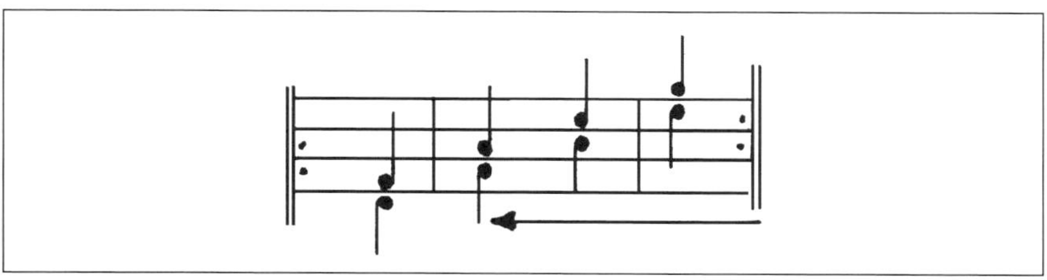

Als Pausenhalter für die späteren frei-metrischen Klangaktionen im B-Teil flüstern die Kinder viermal „Im April" (siehe auch Liedblatt). Der Lehrer spielt und/oder singt auch hier immer wieder die Melodie dazu.

## 5. Instrumentalspiel

Je nach Anzahl der Instrumente erhält jeder dritte oder vierte Schüler ein Stabspiel. Beim Austeilen erklärt der Lehrer kurz, auf welche Töne der Ablauf der geübten Klanggesten übertragen werden muss.

a) Patschen = Xylophone (die nicht benötigten Tonstäbe werden vorher herausgenommen oder umgedreht)
b) Schnipsen bzw. klatschen = Glockenspiele bzw. Metallophone

Zum Instrumentalspiel der Kinder singt/spielt der Lehrer die Melodie, die Schüler konzentrieren sich auf den rhythmischen bzw. motorischen Ablauf (ohne zu singen).

Nach einer Strophe werden die Instrumente im Kreis weitergereicht. Der abgebende Schüler erklärt seinem Nachfolger, welche Töne zu spielen sind. Der Tausch erfolgt so lange, bis jeder Schüler wenigstens einmal als Instrumentalist an der Reihe war.

### 6. Übung des Liedtextes

Die Kärtchen mit den Wettererscheinungen dienen als Merkhilfe für den Text des Liedes. Nun spricht die Klasse den Wortlaut in verschiedenen Arten: laut wie der Donner, freundlich wie die Sonne, leise wie der Schnee, rasch wie fallende Regentropfen usw.

Folgendes Rätsel sichert die Zuordnung von Melodie und Text: Der Lehrer spielt die Liedmelodie ein Stück weit an, die Schüler flüstern oder denken den Text mit und sollen erkennen, bei welchem Wort die Melodie abgebrochen wurde.

### 7. Singen des Liedes

Die Klasse singt das Lied zunächst gemeinsam und ohne Instrumentalbegleitung. Der Lehrer achtet dabei auf gute Intonation und deutliches Sprechen. Geatmet werden könnte lediglich nach dem ersten Komma „Im April," und am Ende einer Liedzeile. Letzteres gilt sowohl für den Refrain wie für die Strophe.

### 8. Aufführung des Liedes

Damit der Lehrer nicht allzu lange am Vorspiel arbeiten muss, empfiehlt es sich, dass die betreffenden Kinder die Melodie als Hausaufgabe vorweg üben (evtl. auch in der Blockflötenstunde).

Ein Teil der Schüler übernimmt die Begleitung (= Xylophone, Metallophone und Glockenspiele), der andere Teil der Klasse singt das Lied. Nach einem Durchgang erfolgt der Wechsel von Sängern und Instrumentalisten. Dabei wird in gleicher Weise verfahren wie unter Punkt 5 beschrieben.

## B. Möglichkeiten der Weiterarbeit

In der nächsten Musikstunde sollten – nach der Wiederholung des Liedes – unbedingt die Pausen am Ende jeder Strophenzeile (vier Takte) mit den entsprechenden frei-metrischen Verklanglichungen gefüllt werden (Sonne, Regen, Blitz, Schnee). Die Kinder erweisen sich in der Umsetzung meist als sehr kreativ. Trotzdem folgen hier zusätzlich einige bewährte Vorschläge:

- Sonne = Glissandi über Glockenspiele, Triangel-Triller
- Regen = Erbsen in Handtrommeln rollen lassen, leiser Fingerwirbel auf Trommeln
- Blitz = Schlag auf Becken und anschließender lauter Paukenwirbel
- Schnee = leise Glissandi (von oben nach unten) auf Xylophonen

Das Lied lässt sich in ein „Gesamtkunstwerk" mit drei Teilen einbauen.

- Erster Teil: frei-metrische Verklanglichung eines Aprilwettertages mit den oben aufgeführten Geräuschen. Als grafische Partitur dient die nachfolgende Zeichnung, die z. B. auf Folie präsentiert wird; ein Schüler zieht mit einem dünnen Stab oder einem Draht langsam über die Wetterdarstellungen und legt damit (quasi als Dirigent) fest, welches Geräusch – und in welcher Dauer – gerade zu erklingen hat. Dabei ergeben sich auch Überschneidungen, wenn die Sonne z. B. noch scheint, während schon die ersten Wolken aufziehen.

- Zweiter Teil: Aufführung des Liedes (mit instrumentalem Vor- und Nachspiel). Auch hier ist das Überlappen von Klängen erwünscht: Die wieder aus den Wolken aufgetauchte Sonne glitzert noch, während Blockflöten und Xylophone einsetzen.
- Dritter Teil: frei-metrische Verklanglichung des Aprilwetters (siehe erster Teil)

# 8. Sommer ruft ins Haus hinein

(Sommerlieder)

Johanna Posch

## Sommer ruft ins Haus hinein

Text und Musik: Helmut Maschke

**Vorspiel / Zwischenspiel**

**Lied**

1. Som—mer ruft ins Haus hin—ein: „Komm, wir wol—len wan—dern! Drau—ßen

in dem Son—nen—schein war—ten schon die an—dern!“

2. Singend ziehen wir davon, Wald und Feld entgegen.
   Glockenblumen, Klee und Mohn blühen an den Wegen.

3. Hoch vom Baum der Buchfink ruft, alle Grillen geigen.
   Lerchen schwirren durch die Luft, weiße Wolken steigen.

**Ostinate Begleitung**

Triangel od. Becken

Sopran-Glockenspiel

Alt-Glockenspiel

Alt- oder Bass-Metalloph.

Gitarre

## A. Möglichkeiten der Liedeinführung

### 1. Arbeitsaufträge zum Vorstellen des Liedes

a) Finde heraus, ob in diesem Lied Wiederholungen in der Melodie vorkommen!
(*Lösung:* Die beiden Liedteile (-zeilen) beginnen jeweils mit dem identischen Motiv.)

b) Stelle fest, an welcher Stelle im Lied der folgende Rhythmus vorkommt! Damit die Schüler das Motiv sicher erkennen, wird es vorher mithilfe von Klanggesten geübt.

(*Lösung:* Der punktierte Rhythmus wird zweimal verwendet, und zwar bei den Wörtern „Komm, wir wol-" und „warten schon".) Das kann man folgendermaßen optisch darstellen:

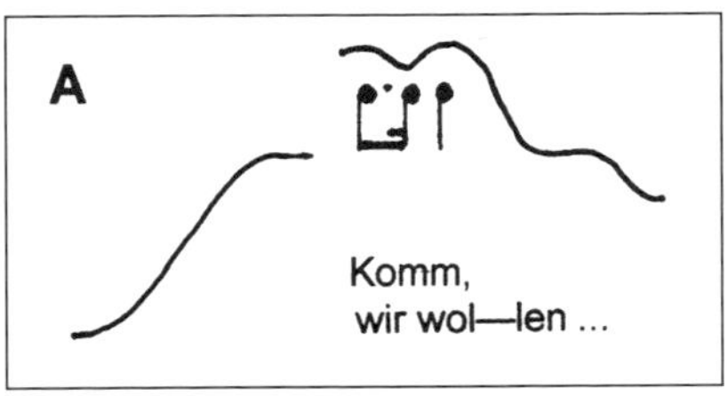


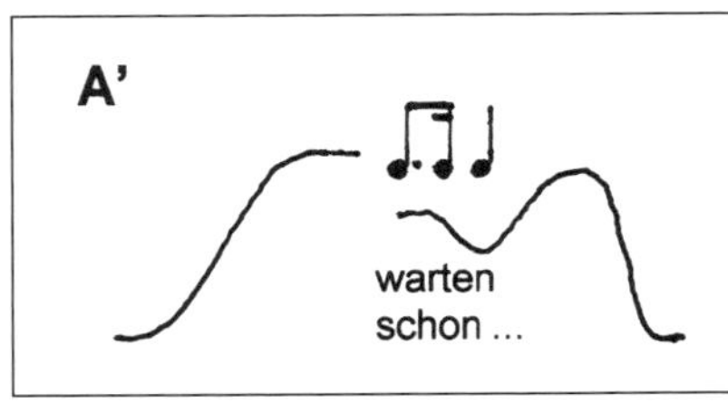


### 2. Analyse der gesamten Melodie

Der Lehrer spielt die beiden Liedteile mehrmals und in unterschiedlicher Reihenfolge vor. Die Schüler stellen fest (mithilfe der o.a. Liedkurve), um welchen Liedteil es sich handelt. Das Ergebnis verbalisieren die Kinder meist in folgender Weise: Der erste Liedteil endet „auf halber Höhe" (Quint und Terz), der zweite Liedteil „unten" (auf dem Grundton).

Als weitere Übung bekommen die Kinder den Auftrag, immer dann zu klatschen, wenn sie den punktierten Rhythmus in der Melodie hören.

### 3. Vorbereitung des Instrumentalspiels mithilfe von Klanggesten

Stampfe bzw. patsche (mit beiden Füßen, mit beiden Händen) folgenden Rhythmus; der rhythmisch-motorische Ablauf bereitet das Instrumentalspiel vor:

stampf--patsch – stampf -- pst! (Finger an die Lippen legen)

Als rhythmische Hilfe dient der geflüsterte Text „Som—mer—lied – horch!“. Zu den Übungen spielt oder singt der Lehrer stets das Lied.

## 4. Arbeit mit den Stabspielen

Es empfiehlt sich, die Glockenspiele/Metallophone vor dem Unterricht zu präparieren. Nicht benötigte Tonstäbe werden herausgenommen oder umgedreht. Letzteres hat den Vorteil, dass die Klangqualität des Instruments erhalten bleibt. Oder man beklebt die Stäbe mit Farbpunkten, womit sogar auch die Reihenfolge, in der die Töne zu spielen sind, deutlich gemacht werden kann. Je nach Anzahl erhält nur jeder dritte oder vierte Schüler ein Instrument. Dabei ist zu beachten, dass immer mit zwei Schlägern gespielt wird (daher die zweistimmige Notation). Die Klanggesten werden folgendermaßen übertragen:

| | | |
|---|---|---|
| Stampfen | = | Töne des D-Dur-Dreiklanges (d, fis, a) |
| Patschen | = | Töne des e-Moll-Dreiklanges (e, g, h) |
| „pst“ bzw. „horch“ | = | Triangelschlag |

Wer kein Instrument hat, spielt weiterhin mithilfe von Klanggesten mit. Die Instrumentalisten übertragen den geübten Rhythmus auf die vorgegebenen Begleitakkorde. Nach einer Strophe werden die Instrumente im Kreis weitergegeben und die Schüler erklären ihrem Nachbarn, welche Töne zu verwenden sind. Der Lehrer spielt/singt immer wieder die ganze Melodie des Liedes dazu.

## 5. Arbeit am Liedtext

Wie immer sollten unbekannte Wörter im Text erklärt werden, wenn der Liedtext den Kindern an der Tafel oder auf Folie präsentiert wird. Auch auf das Reimschema (a – b – a – b) kann eingegangen werden. Der Lehrer spielt (ohne Text!) Teile des Liedes vor; die Kinder lesen jeweils die dazugehörige Liedzeile vor. Durch dieses Rätsel wird die Melodie ein letztes Mal gefestigt und der Lehrer überprüft, ob Text und Melodie bereits richtig einander zugeordnet werden.

### 6. Gemeinsames Singen

Die Kinder singen zunächst ohne Glockenspiele bzw. Metallophone. Der Lehrer übernimmt die Begleitung des Liedes und die Ausführung der Zwischenspiele (oder Tonträger). Dabei ist auf das richtige Singen der Liedmelodie, auf deutliches Sprechen und exakte Ausführung des punktierten Rhythmus zu achten.

### 7. Aufführung mit Gesang und Instrumenten

Jeder zweite (oder dritte) Schüler erhält ein Instrument. Die anderen Kinder übernehmen als Chor den Gesangspart. Die Vor- und Zwischenspiele wurden, damit sie leichter und ohne Zeitaufwand eingesetzt werden können, zuvor als Hausaufgabe (oder in der Blockflötenstunde) geübt. Nach einer Strophe werden die Instrumente getauscht; wer jetzt kein Glockenspiel/Metallophon/Triangel hat, übernimmt den Gesangspart.

## B. Möglichkeiten der Weiterarbeit

Aufgrund des Inhalts und der klar gegliederten Struktur kann das Lied auch getanzt werden. Die Kinder sind durchaus in der Lage, selbst entsprechende Bewegungsformen zu finden. Dabei müssen allerdings die Phrasenlänge und die Struktur der Musik (Vorspiel, Lied, Nachspiel) beachtet werden. Geübte Tänzer berücksichtigen auch die Wiederholung von Melodieteilen, indem genau an diesen Stellen identische Bewegungsabläufe eingebaut werden.

Die Kinder arbeiten am besten in zwei getrennten Gruppen und führen sich anschließend ihre Ergebnisse vor. Aus beiden Versionen kann ein gemeinsamer Tanz erarbeitet werden. Für alle Fälle gibt es hier noch einen Tanzvorschlag:

Die Kinder stehen im großen Kreis und halten sich an den Händen.

| **a) Vorspiel/Zwischenspiel** | |
|---|---|
| Takt 1 und 2 | mit vier kleinen (!) Schritten (rechts beginnend) in die Mitte |
| Takt 3 und 4 | Fassung lösen, viermal klatschen |
| Takt 5 und 6 | Hände fassen, mit vier kleinen Schritten (rechts beginnend) zurück in die Ausgangsposition |
| Takt 7 und 8 | Fassung lösen, viermal klatschen |

**b) Lied**

| | |
|---|---|
| Takt 1 und 2 | Hände fassen, mit vier kleinen Schritten (rechts beginnend) auf der Kreisbahn gehen (entgegen dem Uhrzeigersinn) |
| Takt 3 und 4 | Fassung lösen, Hände in den Hüftstütz, mit vier Schritten um die eigene Achse drehen (rechte Schulter zurück) |
| Takt 5 und 6 | Hände fassen, mit vier Schritten zurück in die Ausgangsposition (links beginnen) |
| Takt 7 und 8 | Fassung lösen, Hände in den Hüftstütz, mit vier Schritten um die eigene Achse drehen (linke Schulter zurück) |

Die Erfahrung zeigt, dass Mädchen und Jungen oft nicht miteinander tanzen möchten, das Problem kann durch zwei eigenständige Kreise gelöst werden. Wer sich für eine vom Lehrer gesteuerte Erarbeitung der Tanzform entscheidet, kann diese Übungsphase vorziehen. Dieser Schritt geschieht dann sinnvollerweise während der ersten Unterrichtseinheit vor der Arbeit mit den Instrumenten und in jedem Fall vor dem gemeinsamen Singen. Der Lehrer spielt/singt zur Übung der Bewegungsform immer wieder das Lied. Somit ergibt sich eine weitere Möglichkeit für das (methodisch beabsichtigte) unbewusste Erlernen der Melodie.

# Sommerfest

Text: Volksmund
Melodie und Satz: Helmut Maschke

**Vorspiel / Zwischenspiel**

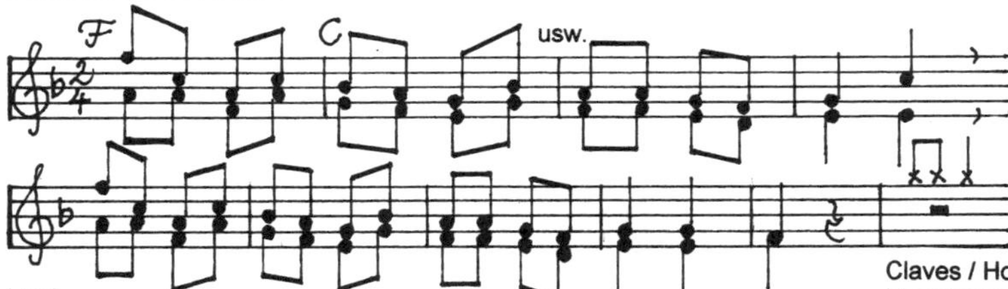


Claves / Holzblocktrommel

**Lied**

1. Som-mer-fest in grü-nen Zwei-gen ist für heu-te an-ge-sagt! Blu-men-el-fen tan-zen

Rei-gen e—he noch der frü—he Mor-gen tagt. (Einsatz Zwischenspiel)

2. Amsel, Drossel, Fink und Meise stimmen längst ihr Instrument.
   Schon erklingt die erste Weise. Meister Specht ist unser Dirigent.

3. Wie das flötet, wie das klinget hoch im Baum! Und wie zum Spaß
   zupft ein alter schwarzer Rabe liebevoll den tiefen Brummelbass.

**Ostinate Begleitung**

Sopran-Xyloph.

Alt-Xylophon

Bass-Xylophon

Gitarre

# A. Möglichkeiten der Liedeinführung

## 1. Einsingen

Die stimmliche Vorbereitung zu diesem Lied könnte über eine frei-metrische Verklanglichung der aufgeregten Fröhlichkeit führen, die vor dem Sommerfest bei den Vögeln im Walde herrscht: Die Bienen summen, der Kuckuck ruft, die Amsel flötet. Dabei zeigt der Lehrer mit den Händen an (weiter Abstand = laut/geringer Abstand = leise), ob die musikalische Aufregung abschwillt oder lauter wird.

Falls die Schüler die vorgeschlagene Art der freien Improvisation nicht gewöhnt sind, unterstützt eine grafische Partitur mit genauen Stimm-Vorschriften für die unterschiedlichen Tiere (siehe auch Kapitel „Das Einsingen", S. 13 ff.) die Intention des Einsingens.

## 2. Üben des Anfangsmotivs

Zu diesem Sommerfest gibt es keine gedruckten Eintrittskarten, sondern jeder, der am Fest teilnehmen will, muss beim Eintritt eine kurze Erkennungsmelodie singen: Der Lehrer stellt diese Melodie (= Anfangsmotiv des Liedes) mit Instrument oder Stimme vor, jedoch ohne Text. Als Merkhilfe kann das Motiv in folgender Weise dargestellt werden (= „Foto" der teilnehmenden Vögel, die sich gemäß Takt 1 + 2 der Melodie aufgereiht haben. Die Reihenfolge der Vögel steht anstelle der Noten und verdeutlicht die Melodie der ersten beiden Takte).

Alle summen die Erkennungsmelodie wie eine Biene, flöten wie eine Amsel (= dü, dü …), singen hell wie ein Buchfink (ding, ding …) und pfeifen das Motiv. Dabei startet jede Übung in einer anderen Tonlage.

## 3. Höraufgaben zur Vorstellung des Liedes

Für dieses Sommerfest wurde eine Hymne geschrieben. Der Lehrer erklärt den Begriff und stellt das Lied vor.

a) Wie oft kommt in dieser Hymne die Erkennungsmelodie vor?

(*Lösung:* dreimal; dabei sind die erste und die dritte Phrase um einen Ton „länger“ als die zweite. Die Darstellung der Liedmelodie wird in der o. a. Weise ergänzt (siehe nachfolgende Grafik), indem die Schüler zwei weitere vorbereitete „Fotos“ der Vogelgesellschaft (Takte 3 + 4 und Takte 5 + 6) dazuhängen. Das Schlussmotiv (Takte 7 bis 9) wird in dieser Phase noch bewusst ausgespart und erst später (siehe Punkt 6) ergänzt.)

b) Unterstreiche im Text (Tafel/Folie) die Stellen, die mit der Erkennungsmelodie übereinstimmen!

## 4. Vorbereitung des Begleitrhythmus

Das Fest soll überall bekannt gemacht werden. Deshalb laufen die Schüler mit Einladungen durch den Wald (die Klasse). Dazu gehen sie im angegebenen Rhythmus und sprechen den nebenstehenden Text.

Dann setzen sich alle wieder hin und klatschen bei „Kommt zum“ (Töne von F-Dur = f, a, c) und patschen bei „Sommerfest“ (Wechsel zu den Tönen von C-Dur = c, e, g)! Der Lehrer spielt zu allen Aktionen jeweils die vollständige Melodie des Liedes.

## 5. Arbeit mit den Stabspielen

Die Xylophone müssen vor dem Unterricht präpariert werden: Nicht benötigte Tonstäbe werden herausgenommen oder umgedreht. Letzteres hat den Vorteil, dass die Klangqualität des Instruments erhalten bleibt. Oder man beklebt die Stäbe mit Farbpunkten, womit sogar auch die Reihenfolge, in der die Töne zu spielen sind, deutlich gemacht werden kann.

Je nach Anzahl der Instrumente erhält nur jeder dritte oder vierte Schüler ein Xylophon, auf dem er nun den geübten Rhythmus auf die vorgegebenen Begleitakkorde überträgt (der Wechsel der Töne wurde bereits durch das Klatschen und Patschen motorisch verdeutlicht). Nach einer

Strophe werden die Instrumente im Kreis weitergegeben und die Schüler erklären ihrem Nachbarn, welche Töne zu verwenden sind. Der Tausch der Xylophone erfolgt so lange, bis jedes Kind wenigstens einmal an der Reihe war.

Der Lehrer spielt/singt jeweils die ganze Melodie des Liedes dazu, die Kinder konzentrieren sich nur auf das Instrumentalspiel.

### 6. Vervollständigung der Melodie-Darstellung

Für die Darstellung des Liedes fehlt uns noch ein viertes „Foto" mit den teilnehmenden Vögeln. Die Lehrkraft bietet den Kindern zwei Fassungen zur Auswahl an (siehe nachfolgende Grafiken). Damit die Schüler die richtige Fassung herausfinden können, spielt/singt der Lehrer das Lied ein weiteres Mal vor.

a) richtige Anordnung

b) falsche Anordnung

### 7. Arbeit am Liedtext

Der Lehrer präsentiert den Text auf Tafel, Folie oder Liedblatt. Alle lesen die Strophen und fragen nach bei unbekannten Wörtern. Nun heißt es: Für das Sommerfest gibt es Freikarten zu gewinnen. Der Lehrer spielt Liedteile vor; die Schüler lesen anschließend den dazu passenden Text vor (jeweils nur auf eine Strophe beschränken). Wer die richtige Lösung herausfindet, erhält eine der genannten Freikarten zum Sommerfest. Der Lehrer überprüft auf diese Weise, ob Text und Melodie bereits richtig zugeordnet werden.

### 8. Gemeinsames Singen

Die Kinder singen ohne Begleitinstrumente. Der Lehrer übernimmt die Begleitung des Liedes und die Ausführung der Zwischenspiele (oder Tonträger). Dabei ist auf die exakte Ausführung der Liedmelodie und auf deutliches Sprechen des Textes zu achten! Die Schüler sollten außerdem versuchen, jeweils nur nach den Reimwörtern („ange**sagt**" und „Morgen **tagt**") zu atmen. Wegen des relativ umfangreichen Textes kann in der ersten Musikstunde lediglich die erste Strophe gesungen werden.

### 9. Ausführung mit Gesang und Instrumenten

Jeder zweite Schüler erhält ein Rhythmusinstrument und ist für die Aktionen in den Pausen zuständig. Die anderen Kinder übernehmen als Chor den Gesangspart. Die Vor- und Zwischenspiele wurden zuvor als Hausaufgabe (Blockflötenstunde) geübt. Nach einer Strophe werden die Instrumente getauscht. Wer jetzt kein Xylophon hat, übernimmt den Gesangspart.

## B. Möglichkeiten der Weiterarbeit

Für eine abschließende Präsentation des Liedes vor Publikum könnte die Arbeit mit der grafischen Partitur (= Darstellung des aufgeregten Zwitscherns der Vögel; siehe Punkt 1) aufgegriffen werden. Diese bildet die frei-metrische Einleitung. Während die letzten Geräusche erklingen, setzen die ostinate Begleitung und danach das Vorspiel des Liedes ein. Nun folgen die Strophen in der notierten Weise. Zum Schluss hin, noch während das letzte Nachspiel erklingt, ist wieder das aufgeregte Summen und Brausen der Vögel zu hören, das allmählich leiser wird und schließlich verstummt (siehe nachfolgende Grafik).

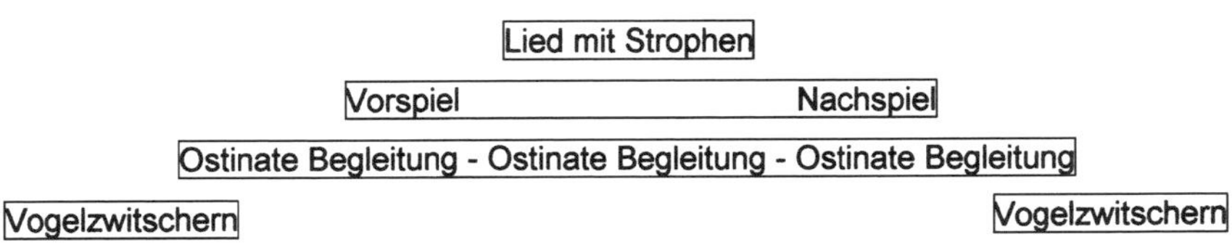


Für ein Schul-Sommerfest bietet es sich an, dieses Lied mit weiteren Sommerliedern zu einer Kantate zu kombinieren, wobei jeweils eine andere Klasse musiziert. Dazwischen sollten reine Instrumentalstücke stehen, zu denen wiederum andere Gruppen einen Tanz aufführen.

## Hol dein Fahrrad

Text und Musik: Margrit Küntzel-Hansen
Vor- und Zwischenspiel: Helmut Maschke

**Vorspiel / Zwischenspiel**

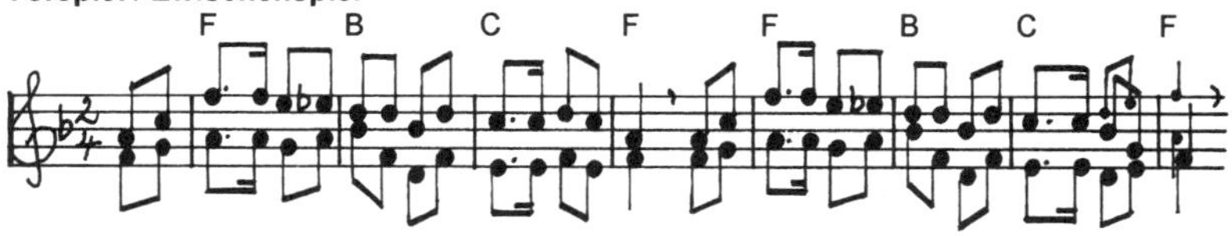


**Lied**

1. Hol dein Fahr-rad aus dem Kel-ler, pump ge--nü--gend Luft hin-ein,

und dann schwing dich auf den Sat--tel, lass die Son--ne um dich sein!

2. Für dein Fahrrad ist beim Parken immer eine Lücke frei.
Auf dem Radweg radelst du an jedem Auto schnell vorbei

3. Kein Benzingeruch begleitet deine Fahrt ins freie Feld.
Kein Gequietsche und Geknatter stört die Ruhe deiner Welt.

**Zwischenspiel**

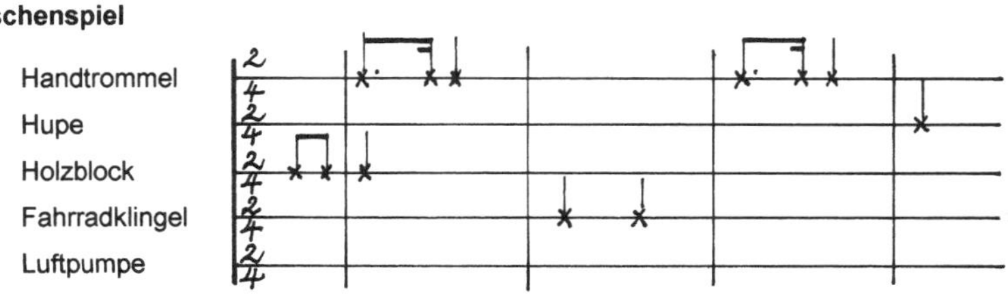


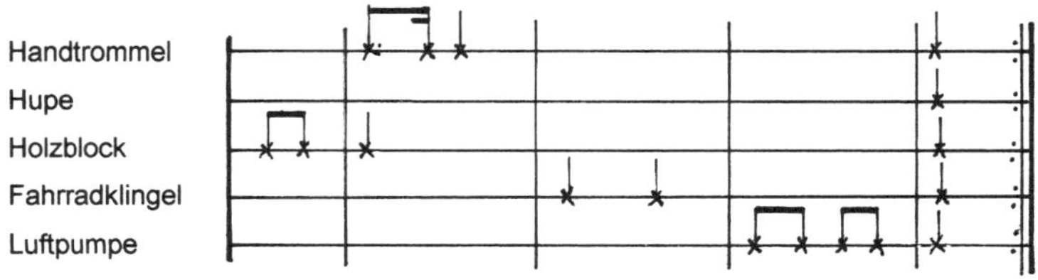

## A. Möglichkeiten der Liedeinführung

### 1. Einsingen mit dem Anfangsmotiv des Liedes

Endlich strahlt draußen die Sonne wieder. Das schöne Wetter und das Zwitschern der Vögel laden uns alle ein zu einer Fahrt ins Blaue. Deshalb hört man von überall her den folgenden Ruf. Das Motiv wird in verschiedenen Arten gesprochen und in unterschiedlichen Tonlagen gesungen.

### 2. Aufgaben zum Vorstellen des Liedes

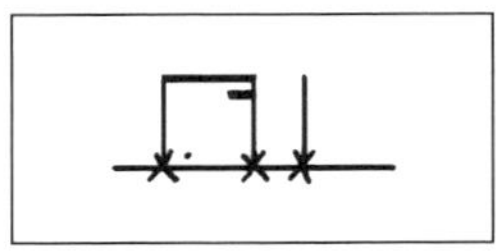

Die Kinder haben sich also auf ihr Rad gesetzt und brausen durch die Gegend. Dabei hören sie unterwegs von einer Autohupe, aus einem Fenster, von einer Baustelle nebenstehenden Rhythmus.

a) Der Lehrer übt mit den Schülern das Motiv (klatschen, patschen, schnipsen usw.) und gibt die Aufgabe: Stelle fest, wie oft und an welcher Stelle der Rhythmus vorkommt. Patsche dabei mit!
(*Lösung:* Der Rhythmus kommt im Lied viermal vor. Die vorbereiteten Rhythmuskärtchen werden an den entsprechenden Stellen der beiden Textstreifen, erste und zweite Zeile der ersten Strophe, angebracht. Zur Bestätigung patschen und klatschen die Kinder erneut das Motiv, während der Lehrer das Lied singt/spielt.)

b) Die beiden Textstreifen können zusätzlich für ein Rätsel genutzt werden: Der Lehrer spielt die erste und zweite Liedzeile in beliebiger Reihenfolge; die Kinder stellen fest, welcher Teil erklungen ist und lesen den dazugehörigen Text vor.

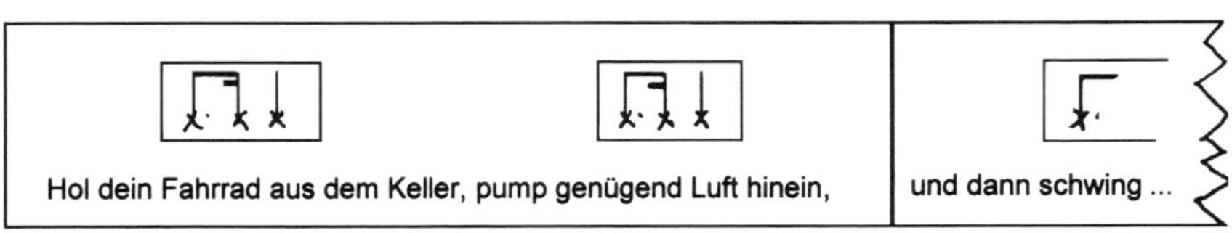

### 3. Begleitung mit Instrumenten

Jedes dritte oder vierte Kind (je nach Anzahl) erhält ein Schlaginstrument (Holzblocktrommeln, Schellen, Handtrommeln.) und spielt an den entsprechenden Rhythmusstellen mit. Wer kein Instrument hat, klatscht oder patscht das Motiv. Nach einer Strophe werden die Instrumente im Kreis weitergereicht. Zu jedem Durchgang singt oder spielt der Lehrer das Lied. Nach dieser Phase beherrschen nun alle Kinder das Anfangsmotiv „Hol dein Fahrrad aus dem Keller“, da es eingangs bereits geübt wurde. Der Lehrer singt/spielt nur noch den Rest des Liedes.

### 4. Erarbeitung des Liedtextes

Die Kinder erhalten die zweite und dritte Strophe des Liedtextes und lesen sie zunächst frei-metrisch. Dabei stellen sie sich vor, sie würden währenddessen mit dem Fahrrad fahren: langsam, schnell, bergab (immer schneller werdend), bergauf (immer langsamer werdend).

Alle sprechen den Text rhythmisch gebunden und achten dabei auf die punktierten Betonungen (siehe Punkt 2). Zur Unterstützung der entsprechenden Stellen klatschen und patschen die Kinder.

### 5. Singen des Liedes

Die Schüler singen das Lied zunächst ohne Instrumente. Dabei können sie sich ganz auf Text und Melodie konzentrieren. Gleichzeitig hat der Lehrer eine bessere Kontrollmöglichkeit hinsichtlich Intonation, Ausführung des punktierten Rhythmus und Textverständlichkeit.

Beim Singen mit Instrumenten werden diese nach einem Durchgang an das nächste Kind weitergegeben. Auf diese Weise kommen innerhalb kurzer Zeit – auch wenn nicht für alle eine Trommel, ein Schellenkranz usw. zur Verfügung stehen – sämtliche Schüler an die Reihe.

Als Ersatz bzw. als Alternative zum vorgeschlagenen Blockflöten-Vorspiel können die Schüler selbst eine Einleitung (eigentlich: ein Nachspiel) gestalten, indem sie die zweite Liedzeile pfeifen. Die rhythmische Begleitung bleibt identisch.

## B. Möglichkeiten der Weiterarbeit

Das Spiel auf rhythmischen Instrumenten ist für die Kinder immer wieder motivierend. So könnte anstelle des Blockflötenvorspiels (oder auch zusätzlich) ein Vor- oder Zwischenspiel mit typischen Fahrrad-Klängen treten.

Das Spiel nach Noten würde die Schüler überfordern. Deshalb ist es in jedem Fall notwendig, den auf dem Liedblatt vorgegebenen Rhythmus in einzelne Bausteine aufzulösen. Wenn diesen eintaktigen Motiven zusätzlich noch Wörter zugeordnet sind, wird der Rhythmus besser fassbar und seine Realisierung wesentlich erleichtert.

Vorschlag für die einzelnen Bausteine:

Die rhythmischen Bausteine werden zuvor geübt, indem man sie spricht, klatscht, stampft. Die Schüler können die Rhythmuskärtchen auch in eine neue Reihenfolge bringen und somit ein selbstständiges Spielstück schaffen.

Vor der Übertragung des Rhythmus auf Trommel, Pumpe und Klingel sollte das Stück mehrmals mit Klanggesten gespielt werden. Folgende Aufteilung bietet sich an:

| | | |
|---|---|---|
| Handtrommel | = | dunkles Klatschen (hohle Hände) |
| Hupe | = | Stampfen |
| Fahrradklingel | = | Schnipsen |
| Holzblock | = | helles Klatschen (flache Hände) |
| Luftpumpe | = | Patschen |

Während des rhythmischen Zwischenspiels könnte die Akkordfolge des Liedes (Klavier, Gitarre) mitgespielt werden, damit die Kinder den richtigen Anfangston für das Singen finden. Die Anzahl der Takte von Lied und rhythmischem Vorspiel sind identisch.

Wer die Begleitung einfacher gestalten will, könnte einen sogenannten Bordun auf dem Bass- oder Alt-Metallophon dazu spielen lassen:

# 9. Leer sind die Felder

(Herbstlieder)

*Aurelia Schwerdtfeger*

## Kommt, lasst uns tanzen!

(Kanon)

Text und Musik: Helmut Maschke

**Vorspiel / Nachspiel**

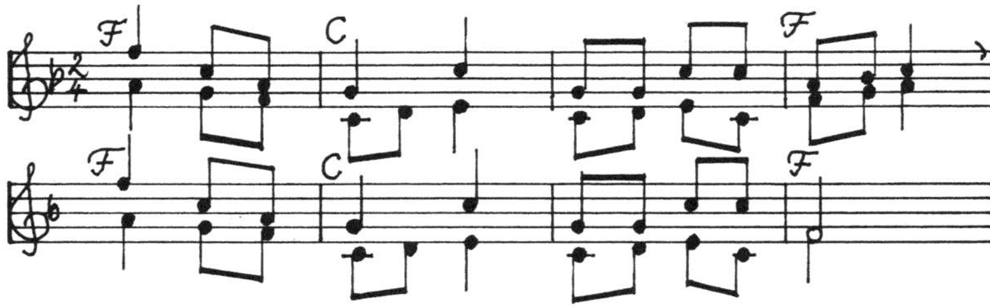


**Lied**

**ostinate Begleitung**

# A. Möglichkeiten der Liedeinführung

## 1. Aufgaben zur Vorstellung des Kanons

a) Finde heraus, wie viele Teile das Lied hat!
(*Lösung:* Das Lied besteht aus vier Teilen, wobei allerdings der vierte Teil – mit Ausnahme der Schlusswendung – eine identische Wiederholung des dritten Teiles darstellt. Vier Textstreifen an der Tafel oder auf Folie bestätigen dies.)

| | |
|---|---|
| Kommt, lasst uns tanzen, gebt euch die Hand! | Reich war die Ernte im ganzen Land. |

| | |
|---|---|
| La la la la-----, la la la-- la---, | la la la la-------, la la la-------. |

b) In welcher Taktart steht das Lied? Als Hilfestellung gibt der Lehrer die Dirigierfiguren des Zweier- und Dreiertaktes auf Kärtchen an der Tafel oder auf Folie vor.

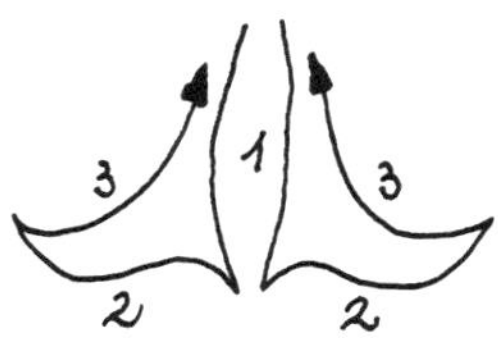

Dreiertakt

Zweiertakt

(*Lösung:* Der Kanon steht im Zweiertakt. Zur Bestätigung dieser Feststellung laufen die Kinder zur Melodie des Liedes in Vierteln und dirigieren das Lied im Zweiertakt. Das Kärtchen mit dem Dreiertakt wird entfernt.)

## 2. Analyse der Melodie

Der Lehrer bietet den Schülern vier Melodiestreifen an, die sie in die richtige Reihenfolge bringen sollen. Der Kanon wird so oft vorgespielt, bis die Kinder die Aufgabe gelöst haben. Anschließend werden die Notenzeilen über der entsprechenden Textzeile angebracht, sodass als Tafelbild der ganze Kanon zu sehen ist.

### 3. Erarbeitung der Tanzform

Die Kinder stellen sich im Kreis auf und tanzen in der unten beschriebenen Form. Dazu singt der Lehrer den Kanon vor oder spielt die Melodie auf dem Tonträger:

| | |
|---|---|
| Takt 1 und 2 | Hände in den Hüftstütz, Drehung um die eigene Achse (rechte Schulter dreht nach hinten) |
| Takt 3 und 4 | Hände zum Kreis fassen |
| Takt 5 und 6 | mit vier Schritten nach innen gehen (re, li, re, li tipp); dabei werden die gestreckten Arme nach oben geführt |
| Takt 7 und 8 | mit vier Schritten nach außen gehen (re, li, re, li); Arme wieder nach unten führen |
| Takt 9 bis 12 | Vierteldrehung nach rechts, acht Schritte auf der Kreisbahn entgegen dem Uhrzeigersinn |
| Takt 13 bis 16 | halbe Drehung nach links, acht Schritte im Uhrzeigersinn |

### 4. Singen des Liedes

Das rhythmische Sprechen des Textes bereitet das Singen vor. Folgendes Rätsel sichert die Zuordnung von Text und Melodie zusätzlich: Der Lehrer spielt beliebige Kanonteile vor (Flöte, Klavier), die Kinder finden die dazugehörigen Textzeilen und sprechen sie rhythmisch. Die Klasse singt das Lied einstimmig. Dabei soll jeweils nur am Ende eines Liedteiles geatmet werden.

Versierte Klassen könnten anschließend eine zweistimmige Ausführung versuchen. Dabei läuft nicht nur die Musik im Kanon (um vier Takte versetzt), sondern auch die Reihenfolge der Tanzfiguren.

### 5. Vorbereitung der Begleitung mit Klanggesten

Mithilfe des „Echospiels" (Klatsche nach, was ich dir vormache!) wird das Begleitostinato rhythmisch und motorisch geübt.

klatschen = Töne der ersten Stufe (F-Dur: f, a, c)
patschen = Töne der fünften Stufe (C-Dur: c, e, g)

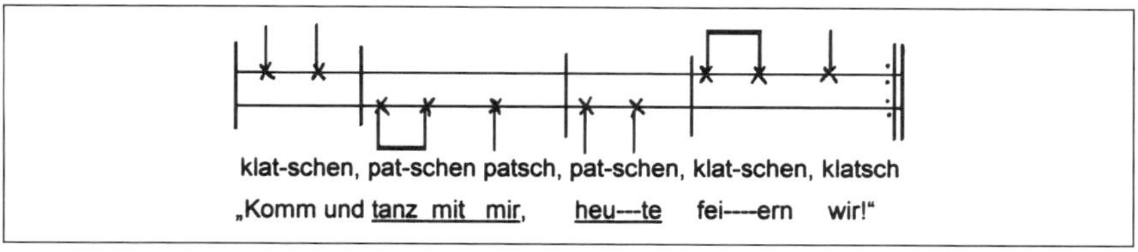


Der Sprechtext „Komm und tanz mit mir, heute feiern wir!" hilft den Schülern, sich den Begleitrhythmus einzuprägen. Die nicht unterstrichenen Wörter stehen für die Töne der ersten Stufe (= klatschen), die unterstrichenen für die der fünften Stufe (= patschen).

Zusätzlich werden die rhythmischen Motive bei „tanz mit mir" und „feiern wir" (zweiter und vierter Takt des Begleitostinatos) mit Stampfen unterstützt (Vorbereitung der Handtrommel).

Zu den Übungen spielt/singt der Lehrer stets die Melodie des Kanons.

### 6. Spielen der ostinaten Begleitung auf Instrumenten

Es erleichtert die Arbeit, wenn die Stabspiele vor dem Unterricht präpariert werden (herausnehmen der nicht benötigten Tonstäbe/bekleben mit Farbpunkten). Je nach Anzahl erhält nur jeder dritte oder vierte Schüler ein Instrument. Bei der Ausgabe der Stabspiele zeigt der Lehrer den Kindern, auf welche Töne der geübte Rhythmus zu übertragen ist. Wer kein Instrument bekommen hat, singt das Lied. Es empfiehlt sich, das Begleitostinato zweimal spielen zu lassen, bevor die Sänger einsetzen. Nach einer Strophe werden die Instrumente im Kreis weitergegeben und die Schüler erklären ihrem Nachbarn, welche Töne zu verwenden sind.

### 7. Aufführung

Ein Teil der Schüler spielt auf den Instrumenten. Der andere Teil nimmt als Sänger und Tänzer Aufstellung in der Kreisform. Bei der Ausführung im Kanon werden zwei oder drei separate Kreise gebildet. Sänger und Instrumentalisten tauschen nach einem Durchgang ihre Aufgaben, was wegen der beschriebenen Vorgehensweise jederzeit möglich ist. Wer es sich zutraut, darf die Aufführung im Zweiertakt dirigieren.

## Leer sind die Felder

Volkslied aus Dänemark
Textübertragung: Gerhard Bünemann
Vorspiel und Begleitung: Helmut Maschke

**Vorspiel / Nachspiel**

**Lied**

1. Leer sind die Fel---der und voll ist die Scheu-ne, und der Mül--ler in der
   Heut' lasst uns schüt-teln die allerletzten Bäu---me, da—rum sind die Burschen

Müh- le mahlt das Korn zu Mehl. Recht die Fel-der ab, macht es nicht so knapp,
und die Mä—del so fi—del.

Vö—ge--lein und Mäus-chen krie--gen auch noch et----was ab--!

2. Schmücket die Tenne mit Blumen und Blättern;
   Bauernrosen, Sonnenblumen haben wir genug.
   Hei, seht, im Tanze da drehn sich schon die Kinder!
   Alle uns're Mädchen steh'n und warten auf den Bursch.
   Bind das Korn zum Kranz, heißa, auf zum Tanz!
   Hierzulande schließt die Ernte stets mit Wein und Tanz.

**Begleitung zu den Takten 5 – 8 und 13 – 16**

Blockflöten

Sopr.-Xyl.

Alt-Xylophon

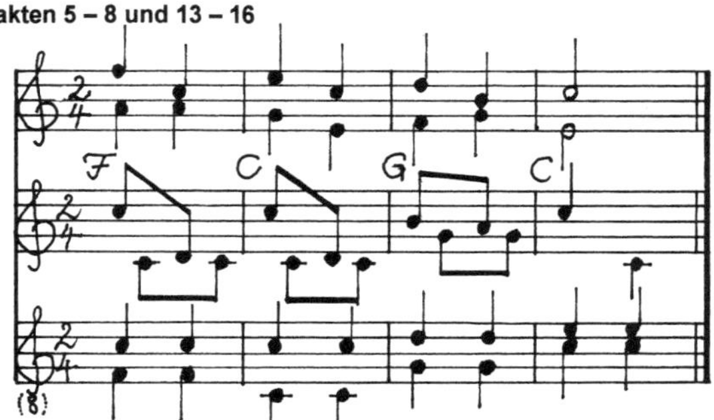

## A. Möglichkeiten der Liedeinführung

### 1. Hinführung

In diesem Volkslied wird von vielen Dingen erzählt, die den heutigen Kindern (insbesondere den Stadtkindern) nicht mehr vertraut sind. Deshalb sollte mit der Klasse über die Korn- und Obsternte (Sachunterricht?), das Brauchtum des Erntetanzes und die Arbeit des Müllers gesprochen werden. Passende Bilder verdeutlichen die Erklärungen und können später als Merkhilfe für die Strophentexte dienen (Tafel/OH-Projektor). In diesen Büchern sind solche Abbildungen zu finden: „Die Geschichte des Bauernhofs vom Mittelalter bis heute", ANGELA WILKES, Dorling Kindersley 2001 und „Damals auf dem Lande", ALBERT BICHLER/ERIKA GROTH-SCHMACHTENBERGER, J. Berg Verlag 2007.

| | |
|---|---|
| **Bilder für die erste Strophe** | a) Scheune neben einem abgeernteten Feld<br>b) Müller bei der Mühle<br>c) Mädchen und Burschen schütteln die Bäume<br>d) Bauern rechen das Feld ab<br>e) Vögel und Mäuse futtern das Korn |
| **Bilder für die zweite Strophe** | a) mit Blumen geschmückte Scheune<br>b) Sonnenblumen, Bauernrosen<br>c) Kinder tanzen im Kreis<br>d) ein Mädchen wartet auf ihren Freund<br>e) Erntekranz aus Ähren<br>f) Weinkrug und -glas |

Darüber hinaus sollten folgende Begriffe geklärt werden:
fidel = lustig, fröhlich
Tenne = oberer Teil der Scheune
Bauernrose = Pfingstrose; andernorts auch: Stockrose

### 2. Aufgaben zur Vorstellung des Liedes

a) Finde heraus, wie das Lied gebaut ist! Wie viele Teile besitzt es, wo gibt es Wiederholungen in der Liedform?
b) Gibt es einen musikalischen Teil, der öfter als zweimal vorkommt?

(*Lösungen:* siehe Punkt 3)

### 3. Darstellung der Liedform

Das Lied besteht aus zwei Teilen (A und B), wobei jeder Teil musikalisch identisch wiederholt wird. Die Struktur könnte mit zwei farblich unterschiedlichen Streifen verdeutlicht werden. Ein zusätzlicher Streifen für das Vorspiel vervollständigt das Schaubild (Tafel/OH-Projektor):

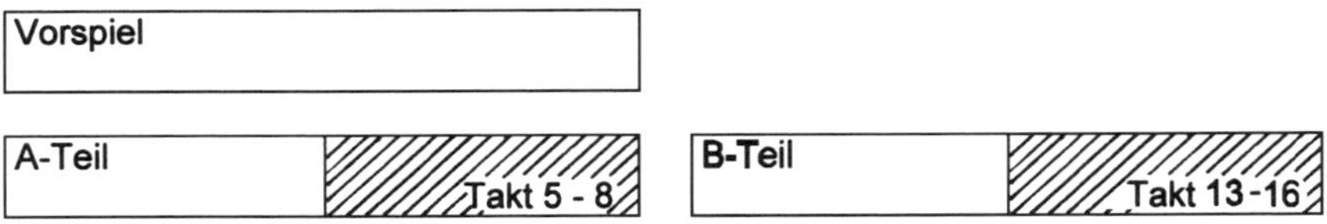


An bzw. über den Farbstreifen können später (siehe Punkt 4) die Rhythmuskärtchen angebracht werden. Zur Bestätigung der gefundenen Lösungen begleiten die Schüler den A-Teil mit Patschen, den B-Teil mit Stampfen (jeweils in Vierteln). Jeder Liedteil schließt mit dem gleichen musikalischen Motiv (Takt 5 bis 8 und 13 bis 16). Die Übereinstimmung ist durch die Schraffur verdeutlicht. Diese Feststellung sollte jedoch nicht nur optisch bestätigt werden: Die Schüler schnipsen in den Takten 5 bis 8 bzw. 13 bis 16.

Die Klasse wird in zwei Gruppen aufgeteilt:
Gruppe A = zuständig für das Patschen (A-Teil) und Stampfen (B-Teil)
Gruppe B = zuständig für das Schnipsen (Takte 5 bis 8 bzw. 13 bis 16)

Anschließend wechseln die Aufgaben der Gruppen. Zu diesen Übungen empfiehlt es sich, das Lied in der instrumentalen Fassung zu verwenden. Auf diese Weise wird die Konzentration der Kinder stärker auf den Melodieverlauf gelenkt.

### 4. Herausfinden eines rhythmischen Bausteines

Stelle fest, wie oft dieser rhythmische Baustein vorkommt:
a) im Vorspiel
b) im Lied

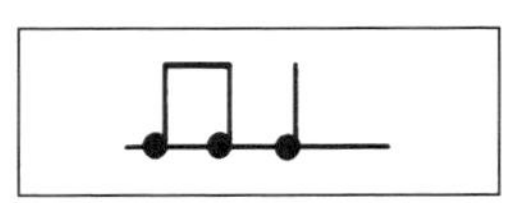

(*Lösung:* a) im Vorspiel = dreimal; b) im Lied = zweimal, jeweils nur im B-Teil)

Das Motiv wird mit Klatschen, Stampfen, Sprechen eingeübt (z.B. „Ernte-tanz“). Die Kinder sollen immer dann klatschen, wenn das Motiv zu hören ist. Die fünf Rhythmuskärtchen werden über den Streifen (siehe

Punkt 3) an den entsprechenden Stellen angebracht. Zur Bestätigung der Lösung klatschen die Kinder nochmals das Motiv. Der Lehrer spielt zu den genannten Aufgaben immer wieder Vorspiel und Lied dazu.

### 5. Füllen der Pausen

In unserem Tanzlied (mit Vorspiel) kommen drei (bzw. fünf) Pausen vor. Finde sie heraus und fülle die Pausen mit einem Stampfen; sprich dazu die Silbe „tsching“!

Der Lehrer bringt jeweils am Ende des Vorspiels von A- und B-Teil ein Pausenzeichen an den Streifen an.

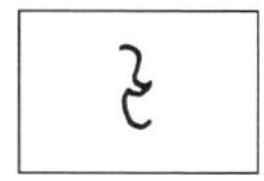

Auch diese Feststellung wird nochmals durch das Stampfen bestätigt. Als Abschluss dieser Erarbeitungsphase hören die Kinder das ganze Lied (mit Vorspiel) und klatschen bzw. stampfen an den im Tafelbild angegebenen Stellen. Diese Klanggesten bereiten den späteren Einsatz der rhythmischen Instrumente vor.

### 6. Singen des Liedes

Klassen, die mit dem Lesen noch etwas Mühe haben, nutzen bei der Arbeit am Text ausschließlich die oben erwähnten Bilder. Dabei genügt es, sich zunächst auf die erste Strophe zu beschränken. Wir sprechen den Text im Rhythmus des Liedes wie ein Mäuschen, wie ein fleißiger Bauer, leise, laut usw.

Klassen mit älteren Kindern bewältigen beide Strophen (Liedblätter; OH-Projektor). In jedem Fall sollte der Text auch hier zuvor rhythmisch gesprochen werden (s.o.). Die Kinder singen die Takte 5 bis 8 bzw. 13 bis 16 des Liedes, der Lehrer übernimmt die restlichen Passagen.

Der Lehrer führt jeweils A- und B-Teil aus, die Kinder singen die Wiederholungen. Dann übernehmen die Mädchen die Gesangsrolle des Lehrers, die Jungen sind das musikalische Echo und umgekehrt.

Beim gemeinsamen Singen ist wichtig,

- dass nur nach vier Takten geatmet wird
- dass die Schüler deutlich sprechen (dadurch steigt die Qualität des Tones)
- dass die Anfangspassage im B-Teil hoch genug intoniert wird.

### 7. Aufführung mit Instrumenten

Die rhythmischen Instrumente werden an jedes dritte oder vierte Kind ausgegeben. Der Einsatz wurde zuvor mithilfe von Klanggesten geübt:

- klatschen = Claves, Holzblocktrommel
- stampfen = Triangel, Becken

Wer kein Instrument hat, singt das Lied. Anschließend werden Claves, Triangel, Becken usw. im Kreis weitergegeben, bis jedes Kind mindestens einmal als Spieler an der Reihe war; die anderen Kinder sind jetzt für das Singen zuständig.

## B. Möglichkeiten der Weiterarbeit

Sobald Melodie und Liedform gesichert sind, erhalten die Kinder die Aufgabe, selbst eine Tanzform zu entwickeln. Dies geschieht in der zweiten Unterrichtsstunde, nachdem das Lied wiederholt wurde. Der Lehrer teilt die Klasse in zwei Gruppen auf (da Mädchen und Jungen in diesem Alter meist ungern miteinander tanzen, kann man sie getrennten Gruppen zuordnen). Für jede Gruppe sollte ein eigener Raum mit einem separaten Tonträger zur Verfügung stehen. Anschließend führen sich die Kinder gegenseitig ihre Tänze vor. Bei einem weiteren Durchgang könnte jeweils die Zuschauer-Gruppe das Singen übernehmen. Die folgende Tanzform hat der Lehrer für alle Fälle parat:

Alle Tänzer stehen im großen Kreis, an den Händen gefasst. Für die paarweise auszuführenden Figuren müssen die Partner vorher festgelegt werden.

| **Vorspiel** | |
|---|---|
| Takt 1 | = dem eigenen Partner zuwenden |
| Takt 2 | = dreimal mit dem Partner in die Hände klatschen |
| Takt 3 | = dem Nachbarn zuwenden |
| Takt 4 | = dreimal mit dem Nachbarn in die Hände klatschen |
| Takt 5 | = Hände in den Hüftstütz |
| Takt 6 | = dreimal mit den Füßen stampfen |
| Takt 7–8 | = mit vier Schritten Drehung um die eigene Achse |

| | |
|---|---|
| **A-Teil** | |
| Takt 1–4 | = acht Schritte gegen den Uhrzeigersinn, rechter Fuß beginnt |
| Takt 5–8 | = Fassung lösen, Hände in den Hüftstütz, mit sieben Schritten Drehung um die eigene Achse |
| Wiederholung | |
| Takt 1–4 | = Handfassung im großen Kreis, acht Schritte im Uhrzeigersinn, linker Fuß beginnt |
| Takt 5–8 | = Fassung lösen, Hände in den Hüftstütz, mit sieben Schritten Drehung um die eigene Achse |
| **B-Teil** | |
| Takt 9–10 | = mit gefassten Händen vier Schritte in die Kreismitte, Arme dabei nach oben führen |
| Takt 11–12 | = mit vier Schritten zurück an den Ausgangsplatz, Arme dabei nach unten führen |
| Takt 13–16 | = Hände in den Hüftstütz, mit sieben Schritten Drehung um die eigene Achse |
| Wiederholung | |

Es empfiehlt sich, das Vorspiel und die Begleitung zu den Takten 5 bis 8 bzw. 13 bis 16 mit einer Gruppe von Kindern separat zu üben, ausnahmsweise nicht mit der ganzen Klasse. Auf diese Weise wird verhindert, dass sich der Lehrer zu lange einer kleinen Gruppe zuwenden muss und der große Rest der Klasse unbeschäftigt bleibt.

Dieses Lied und der Kanon „Kommt, lasst uns tanzen" können zu einer kleinen Tanz-Kantate zusammengefügt werden. Ein oder zwei Instrumentalstücke (am besten in C-Dur) sowie Texte und Gedichte zum Herbst verbinden die Teile zu einem lebendigen Ganzen.

# 10. Kommt in unser Zirkuszelt

## (Lieder für Schulprojekte)

*Wiktoria Mazur*

# Zirkuslied

Text und Musik: Helmut Maschke

**Vorspiel / Zwischenspiel**

**Lied**

1. Kommt in un--ser Zir--kus-zelt, Zir--kus-zelt, Zir--kus-zelt! Hier spiel'n wir,

was euch ge-fällt, was euch gut ge-fällt.

2. Marcus ist der Direktòr, Direktòr, Direktòr,
   der uns stellt das Prógramm vor, stellt das Prògramm vor.

3. Tina ist die Zirkus-Queen, Zirkus-Queen, Zirkus-Queen,
   weltbekannt als Tänzerin (Sängerin, Reiterin...), ja als Tänzerin.

4. Benni aus dem Schülerchor, Schülerchor, Schülerchor
   führt uns einen Kopfstand vor, einen Kopfstand vor.

5. Unbedingt müsst ihr anschaun, ihr anschaun, ihr anschaun
   Charly, unsern Zirkusclown, unsern Zirkusclown.

**Ostinate Begleitung**

## A. Möglichkeiten der Liedeinführung

### 1. Vorstellen des Lieds

In der Klasse erzählen alle Kinder von ihren Erfahrungen und Erlebnissen mit dem Zirkus. Zum Einstieg in das Gespräch dient ein Bild oder ein passendes Gedicht. Dann singt der Lehrer das Lied vor oder lässt den Tonträger abspielen.

### 2. Erkennen der Liedform

Die Kinder sollen folgende Höraufgaben lösen:

a) Erkenne, wie viele Teile das Lied hat. (*Lösung:* zwei Teile = A + A')
b) Bringe die vorgegebenen Liedkurven in die richtige Reihenfolge; begründe auch deine Entscheidung. (*Lösung:* s. Anordnung der Grafiken)

1. Teil

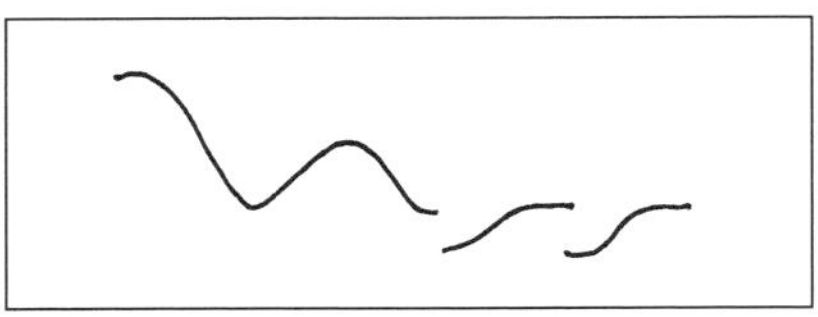

2. Teil

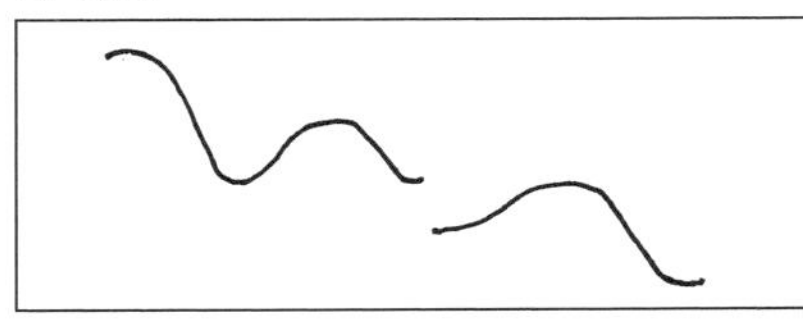

Kinder lassen sich beim Hören des Melodieverlaufs leicht durch den Text der Strophe ablenken; daher empfiehlt es sich, das Lied zusätzlich auch instrumental (z.B. Blockflöte) vorzustellen. Zur Bestätigung der Lösung wird das Lied ein weiteres Mal gesungen oder gespielt. Dann spielt der Lehrer die Melodie ein Stück weit und stoppt plötzlich. Die Schüler sollen erkennen, an welcher Stelle der Liedkurve der Lehrer aufgehört hat.

### 3. Analyse der Melodie

Die Schüler bringen das vorgegebene Notenpuzzle in die richtige Reihenfolge (siehe unten). Dazu singt oder spielt der Lehrer mehrmals die Melodie des Liedes.

Die Kinder vergleichen die Melodiekurve mit dem Verlauf der Notenschrift. Dann folgt das Melodierätsel wie oben: Der Lehrer spielt das Lied ein Stück weit an; die Schüler lesen die Noten mit und benennen, wo die Melodie abgebrochen wurde.

#### 4. Analyse des Rhythmus

Der Lehrer gibt drei Rhythmusbausteine bzw. Rhythmuskärtchen vor, die – falls notwendig – vorweg geübt werden (= sprechen, klatschen, patschen, stampfen).

Der Lehrer singt/spielt die Melodie mehrmals vor; die Schüler haben die Aufgabe, die richtige Reihenfolge der Notenbausteine zu finden. Das Ergebnis der Analyse sieht so aus:

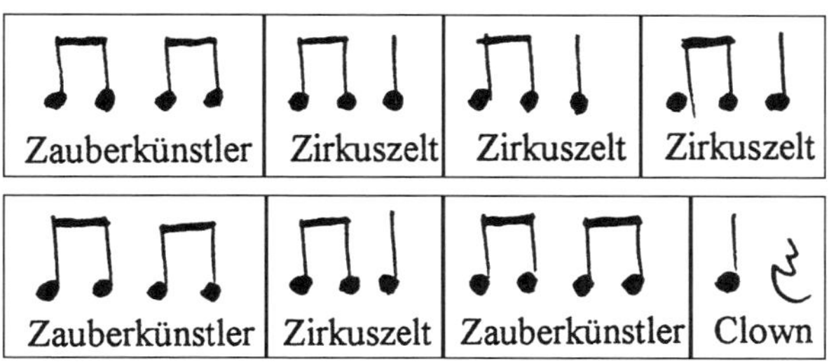


#### 5. Vorbereitung des Instrumentalspiels

Zu den folgenden Übungen spielt oder singt der Lehrer stets die Melodie dazu. Klatsche immer dann, wenn du den Rhythmusbaustein „Zirkuszelt" hörst (= Einsatz der Hölzer). Schnipse in der Pause nach „gut gefällt" (= Einsatz des Beckens).

Patsche auf dem linken Knie Viertel (= Ton c), auf dem rechten Knie Achtel (im Wechsel innen und außen = Töne g und a).

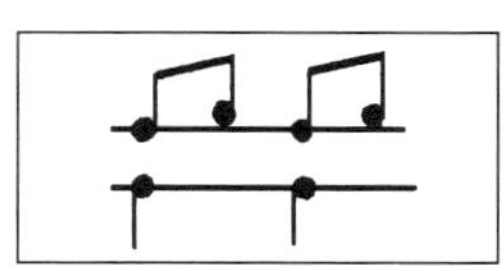

### 6. Instrumentalspiel

Die Instrumente werden ausgegeben und die Klanggesten übertragen:

patschen = Xylophone (nicht benötigte Töne herausnehmen)
schnipsen = Becken
klatschen = Hölzer

Der Lehrer singt/spielt die Melodie, die Schüler begleiten und konzentrieren sich auf den rhythmischen bzw. motorischen Ablauf ihrer Instrumente (ohne zu singen). Stabspiele, Becken und Hölzer werden im Kreis getauscht, bis jeder Schüler wenigstens einmal spielen durfte.

### 7. Text des Liedes besprechen

Nach dem Austeilen der Liedblätter oder der Präsentation des Liedtextes auf Folie bzw. an der Tafel werden unbekannte Wörter geklärt. In der zweiten Strophe soll ein ungarischer Zirkusdirektor imitiert werden, daher muss das Wort „Direktor“ bewusst auf der letzten Silbe und das Wort „Programm“ auf der ersten Silbe betont werden.

### 8. Singen und Aufführen des Liedes

Zunächst singen alle gemeinsam ohne Instrumentenbegleitung das Lied. Der Lehrer achtet auf richtige Intonation und deutliches Sprechen. Dabei sollten die Schüler versuchen, jeweils nur am Ende einer Liedzeile zu atmen. Anschließend übernimmt ein Teil der Schüler die Begleitung (= Xylophone, Becken, Hölzer), der andere Teil singt die Strophen. Dann wechseln beide Gruppen.

## B. Möglichkeiten der Weiterarbeit

Das Lied kann als Rahmen für eine Zirkusaufführung verwendet werden. Die Strophen kündigen die einzelnen Nummern des Programms an. Sämtliche Hobbys und Neigungen der Kinder können in einer Zirkusaufführung berücksichtigt werden. Sogar die kleine, schmächtige Anna kann z.B. als Telefonbuch-Zerreißerin auftreten, wenn die Seiten nur entsprechend geschickt präpariert wurden. Verkleidungen erhöhen zusätzlich den Spaß.

Die Schüler schreiben selbst neue, zu ihren Darbietungen passende Strophen. Wem die reale Zirkusaufführung zu aufwändig ist, kann das ganze Lied auch als Moritat umsetzen: Die Schüler malen zu jeder Strophe ein großes Bild; der Zirkusdirektor führt diese Momentaufnahmen aus seinem Programm auf einer Tafel oder als Power-Point-Präsentation vor.

# Wohin mit dem Müll?

Text: James Krüss
Musik: Helmut Maschke

**Vorspiel**

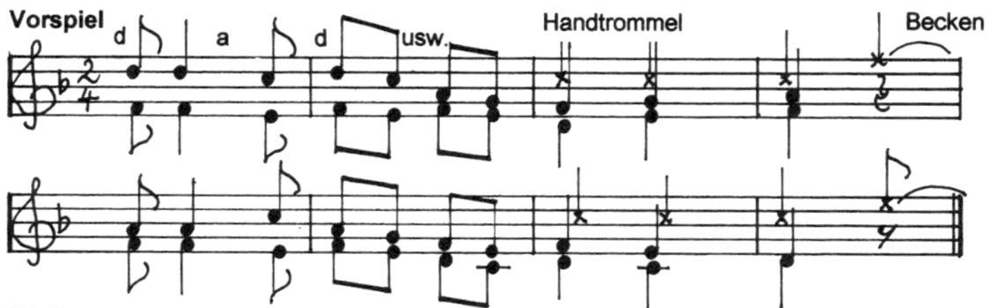


**Lied**

2. Was wird aus unserm Kleide, wenn's nicht mehr passen will?
Dann wird aus einem Sonntagskleide Müll, Müll …

3. Was wird aus einem Glase, zerbrach einmal sein Stiel?
Dann wird aus einem feinen Glase Müll, Müll …

4. Was wird aus alten Stiefeln, wenn's warm wird im April?
Dann wird aus einem Stiefelpaare Müll, Müll …

5. Und geht das stets so weiter, so ohne Sinn und Ziel,
dann wird einmal die ganze Erde Müll, Müll …

**ostinate Begleitung**

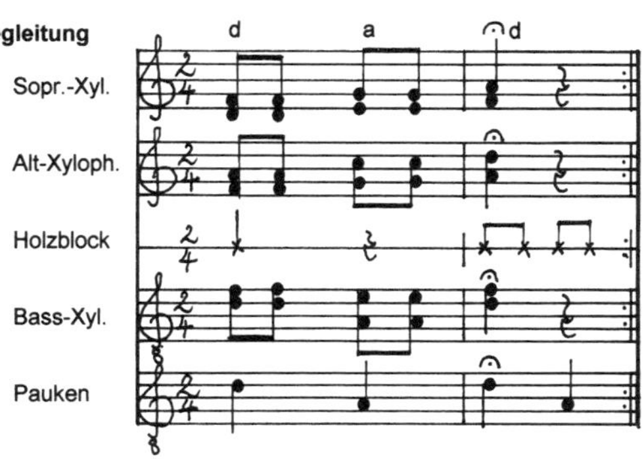

## A. Möglichkeiten der Liedeinführung

### 1. Hinführung

Die Schüler zu verantwortungsvollem Umgang mit dem Müll bzw. zu bewusster Vermeidung von überflüssigem Abfall zu erziehen, ist berechtigte Forderung eines jeden modernen Lehrplans. Viele Schulen veranstalten daher immer wieder Aktionstage und Projekte zu diesem brisanten Thema.

Neben dem Sachkundeunterricht kann auch der Musikunterricht einen Beitrag leisten, indem er auf seine Weise das Thema „Müll“ aufgreift. Die Kinder erhalten den Auftrag, als Hausaufgabe Müllinstrumente zu sammeln, die verschieden klingen: unterschiedlich große Schüsseln, Töpfe, Gläser, Kartons oder Plastikbehälter. In der nächsten Musikeinheit stellt jeder Schüler seine Funde mit ihren speziellen Klängen vor. Die Gegenstände werden später als Begleitung des Liedes bzw. zum Musizieren eines rhythmischen Zwischenspiels eingesetzt.

### 2. Höraufgaben zur Vorstellung des Liedes

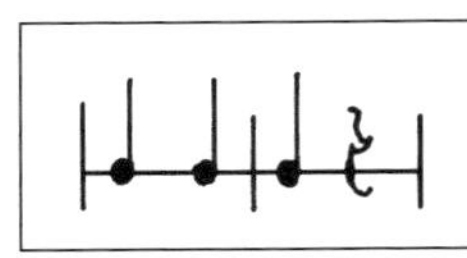

a) Stelle fest, wie oft im Lied folgender Rhythmus vorkommt, und klatsche an diesen Stellen dreimal!
(*Lösung:* Der Rhythmus tritt bei den Wörtern „Müll, Müll, Müll“ auf.)

b) Sprich die Silbe „Tsching!“, wenn du eine Viertel-Pause hörst!
(*Lösung:* Die Viertel-Pause folgt immer auf das dreifache „Müll“.)

c) Füge auf unserem Melodie-Streifen die fehlenden Wortsilben am richtigen Platz und in der richtigen Höhe ein! Im Text sind die Wörter bzw. Silben „Au-to“, „mo-bil“ und „Müll“ (sechsmal) ausgespart; der Lehrer hält diese als kleine Wortkärtchen bereit.
(*Lösung:* Die fehlenden Wörter bzw. Silben müssen so eingesetzt werden, wie in den folgenden Kästen gezeigt.)

**1. Teil**

Was Au—to, ist bil?

un-serm mehr mo—

wird aus es nicht

**2. Teil**

wird aus
unserm
Dann Auto Müll,
schließlich Müll,
Müll, Müll,
Müll,
Müll!

Zur Bestätigung der Lösungen musizieren die Kinder bei den Wörtern „Müll“ auf ihren mitgebrachten Instrumenten, während der Lehrer das Lied singt oder spielt. Bei der Pause wird das „Tsching!“ gesprochen (= Einsatz des Beckens); die Pausenzeichen sind auf der Melodiekarte eingezeichnet. Da das Einfügen der fehlenden Silben nicht immer auf Anhieb gelingt, muss auch hier der Lehrer das Lied mehrmals singen oder spielen.

### 3. Vorbereitung der instrumentalen Begleitung

Das Erlernen der Begleitformen fällt den Kindern leichter, wenn ein rhythmisch passender Text dazu gesprochen wird. Die Ostinati (= Rhythmen, die sich stets wiederholen) von Xylophon und Holzblocktrommel sind so gesetzt, dass sie wie ein Kanon ineinandergreifen.

Die Pauke spielt in Vierteln; hier bietet sich ein zweisilbiges Wort als Musizierhilfe an.

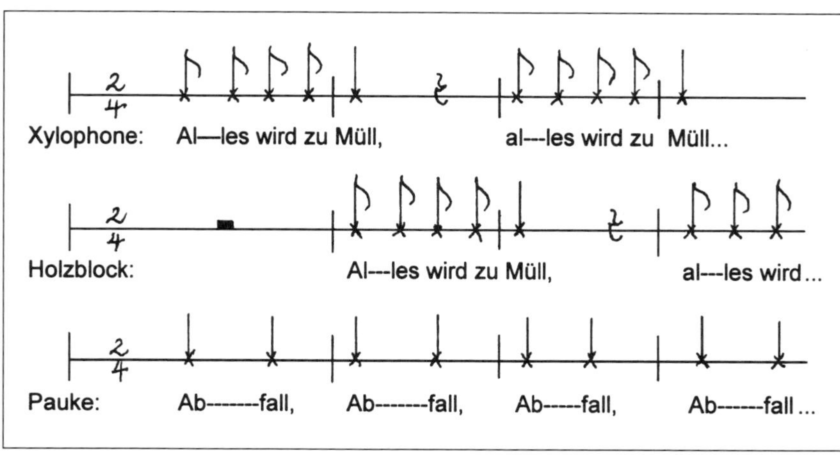

Beim Sprechen der Begleitrhythmen entsteht ein dreistimmiges Vokalstück. Der Lehrer spielt darüber die Melodie des Liedes. Zusätzlich zur Vorbereitung mithilfe der Sprache können auch noch Klanggesten zur Übung des rhythmisch-motorischen Ablaufs der Begleitostinati dienen. Auch zur Übung mit Klanggesten erklingt die Melodie des Liedes.

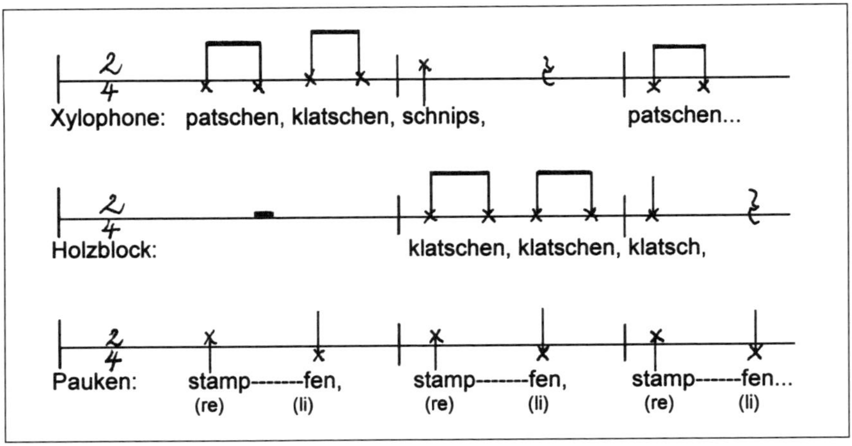


### 4. Spiel mit Begleitinstrumenten

Die Xylophone müssen vor dem Unterricht präpariert werden (herausnehmen der nicht benötigten Tonstäbe/bekleben mit Farbpunkten). Je nach Anzahl erhält nur jeder dritte oder vierte Schüler ein Instrument. Bei der Instrumentenausgabe zeigt der Lehrer den Schülern, auf welche Töne der geübte Rhythmus zu übertragen ist. Wer kein Instrument hat, spielt weiterhin mithilfe von Klanggesten mit. Nach einer Strophe werden die Instrumente im Kreis weitergegeben und die Schüler erklären ihrem Nachbarn, welche Töne zu verwenden sind. Der Lehrer spielt/singt immer wieder das Lied dazu. Es empfiehlt sich, erst dann mit der Melodie einzusetzen, wenn das Ostinato „rund läuft".

### 5. Erarbeitung des Textes

Der Wortlaut der ersten Strophe ist durch die Textstreifen bereits eingeführt. Für die weiteren Strophen werden Textblätter ausgeteilt (alternativ: OH-Projektor). Nachdem Inhalt und Wortbedeutungen geklärt sind, wird der Text im Rhythmus des Liedes gesprochen. Unmittelbar vor dem Singen könnten noch die bekannten Rätsel eingesetzt werden:

- Texträtsel: Der Lehrer spielt die Melodie ein Stück weit an; die Kinder lesen leise mit und stellen fest, bei welchem Wort abgebrochen wurde.
- Melodierätsel: Der Lehrer spielt einen Teil des Liedes, die Schüler lesen anschließend den dazugehörigen Text der jeweiligen Strophe vor.

### 6. Singen des Liedes

Die Melodie hat sich bei den Kindern mittlerweile so gut eingeprägt, dass sie kein Problem mehr damit haben, das Lied zu singen. Wichtig ist lediglich, dass das Üben möglichst vielfältig geschieht:

- Der Lehrer singt das Lied, die Schüler übernehmen die letzten vier Takte.
- Die Jungen singen die erste Zeile, die Mädchen die zweite.
- Ein Kind singt allein, die Klasse führt den „Müll-Teil" aus.
- Die Mädchen singen die erste Strophe, die Jungen die zweite.

Beim Singen ist auf deutliches Sprechen und genaue Intonation zu achten. Eine unsaubere Ausführung rührt oft von zu lautem Singen her. Die Kinder atmen in der Regel nach zwei Takten. Diese Unsitte sollte übungshalber durchbrochen werden, indem die Schüler den Auftrag erhalten, nur in den Pausen zu atmen.

### 7. Aufführung

Ein Teil der Schüler übernimmt den Instrumentalpart, der andere Teil den Gesangspart. Alle Sänger sind mit ihren Müll-Instrumenten ausgerüstet und spielen die sechs Schläge bei „Müll, Müll, Müll". Die Vor- und Zwischenspiele der Melodieinstrumente sollten, damit sie leichter und ohne Zeitaufwand eingesetzt werden können, zuvor als Hausaufgabe (oder in der Blockflötenstunde) geübt werden.

Der Blockflöteneinsatz wird dadurch erleichtert, dass zuvor das Begleitostinato zweimal erklingt. Sänger und Instrumentalisten tauschen ihre Aufgaben; dieser Wechsel ist wegen der o.a. methodischen Vorgehensweise jederzeit möglich.

Als zusätzliche Motivation und zur Steigerung der Konzentration könnte das Lied auf einem Tonträger aufgenommen werden.

## B. Möglichkeiten der Weiterarbeit

### 1. Musik auf Müll-Instrumenten

An die Stelle des Vorspiels mit Blockflöten kann eine rhythmische Müll-Musik treten. Bei der Aufteilung auf die vorhandenen Gegenstände sollte ganz bewusst auf die unterschiedliche Klanghöhe geachtet werden. Auf diese Weise entsteht ein weitaus lebendigerer Effekt, als wenn stets alle Instrumente den Rhythmus mitspielen. Hier sind auch Utensilien aus der Küche und dem Haushalt angegeben, die selbstverständlich durch andere saubere Behältnisse aus dem Hausmüll ersetzt werden können. Der Rhythmus ist für die Kinder leichter auszuführen, wenn ein Text dazu gesprochen wird.

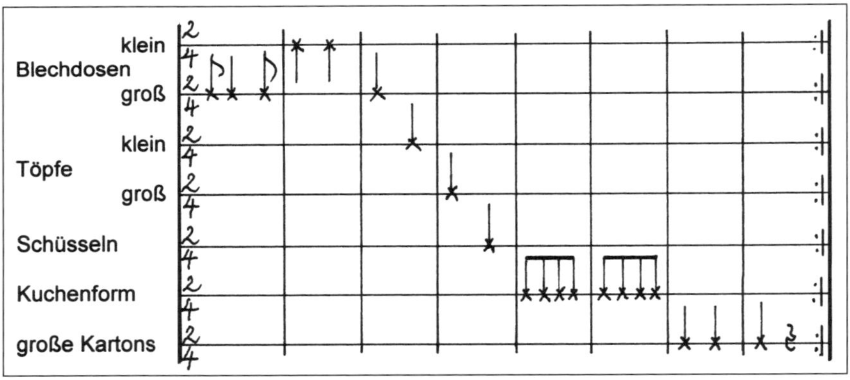


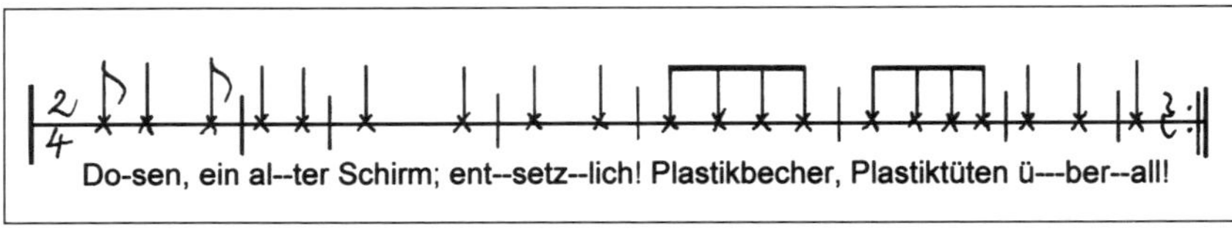


Der Text lässt sich in verschiedenen Tonhöhen, in unterschiedlichen Tempi und nicht zuletzt auch als Kanon (z. B. Einsatz nach zwei Takten) sprechen. Wenn mithilfe des Textes der Rhythmus gesichert ist, können versierte Gruppen versuchen, diesen auf ihre eigenen mitgebrachten Instrumente zu übertragen. Dabei sollten sie die verschiedenartigen Klänge der einzelnen Gegenstände möglichst effektvoll nutzen. Am besten probieren sie unterschiedliche Verteilungen der Rhythmen auf die Instrumente aus. Anschließend wird das Ergebnis der anderen Gruppe vorgeführt.

Als weitere Steigerung spielen die beiden Gruppen ihre instrumentale Version des Rhythmus im Kanon.

Falls dieser Rhythmus auch als Vorspiel für das Lied verwendet wird, sollten zusätzlich Pauke und Bass-Xylophon aus dem Begleitostinato mitlaufen. Auf diese Weise finden die Sänger den richtigen Anfangston.

## 2. Wort-Müll-Salat

Zusätzlich zu Lied, Instrumentalspiel und rhythmischer Müll-Musik kann ein metrisch frei gesprochener „Wortmüll-Salat" Anfang und Schluss der Gesamtaufführung bilden. Der Lehrer sammelt in einer Liste (Tafel/OH-Projektor) alle in einem Brainstorming gefundenen Ausdrücke und Schlagworte der Kinder zum Thema „Müll" (z. B. Spraydosen, Plastikbecher, Problemmüll, Luftverpestung, Einwegpackung ...). Möglichst jeder Schüler bekommt sein eigenes Wort.

Diese Begriffe werden dann in einer bestimmten Reihenfolge laut gesprochen und wiederholt und dabei „übereinandergeschichtet" und so lange gesprochen, bis auch der letzte Beteiligte eingesetzt hat. So entsteht ein allmähliches Crescendo, das in dem Vorspiel (Blockflöten oder rhythmische Müllmusik) mündet.

Am Schluss wird umgekehrt verfahren: Das Nachspiel geht über in den laut gesprochenen frei-metrischen Wörtersalat, der nach einer Weile in einem Fade-out endet.

| | |
|---|---|
| bleihaltig, bleihaltig ... | bleihaltig, bleihaltig ... |
| Plastikbecher, Plastikbecher ... | Plastikbecher, Plastikbecher ... |
| Luftverschmutzung, Luftverschmutzung ... | Luftverschmutzung, Luftverschmutzung |
| Autoreifen, Autoreifen ... | Autoreifen, Autoreifen ... |
| Chlor, Chlor, Chlor ... | Chlor, Chlor ... |

**Vorspiel** **Lied** **Nachspiel**

## Träum dich ins Geschichtenland

Text: Klaus Sailer
Musik: Helmut Maschke

**Vorspiel / Zwischenspiel**

**Lied**

Refr.: Träum dich ins Ge--schich-ten-land, folg den Zau--ber-we---sen,
nimm dein Lieblingsbuch zur Hand und fang' an zu le-----sen!

1. Schneewittchen und die sieben Zwerge lieben sehr die kleinen Kinder dieser Welt,
und Märchen hören woll'n sie gerne täglich mehr, weil Schönes ihnen gut gefällt.

2. So stark wie Michel oder Pippi Langstrumpf sein,
das träumt sich einmal jedes Kind.
Es wünscht sich in die Abenteuer mitten rein,
was lesend allen leicht gelingt.
3. Die Großen sind gern dem Geheimnis auf der Spur,
woll'n reiten in die Sonn hinein.
Mit Superkräften retten sie die Welt, doch nur,
weil lesend alles möglich scheint.
4. Und wenn du mal erwachsen bist, von Arbeit schwer,
beladen hoch mit Einerlei,
dann nütz der Bücher Zauberkräfte wieder mehr
und träum dich lesend vogelfrei!

**Ostinate Begleitung**

## Möglichkeiten der Liedeinführung

### 1. Vorbemerkung

Dieses Lied ist als „Hymne" für ein Leseprojekt entstanden. Im Zentrum dieser Arbeit, die sich über mehrere Wochen erstreckt, könnten folgende Aktionen stehen:

- Die Kinder aller Klassen werden in Lesegruppen (ca. sechs bis sieben Schüler) aufgeteilt, die sich wöchentlich einmal dreißig Minuten lang jeweils mit einem Buch beschäftigten. Die Einteilung erfolgt jahrgangsübergreifend; die gewandteren Leser fungieren als Tutoren.
- Schülereltern werden mit einbezogen und arbeiten ebenfalls als Tutoren oder betätigten sich als Vorleser für die Kleinen.
- Das Leseprojekt steht unter einem bestimmten Motto: Märchen, Weltraum, Indianer, Bücher eines bestimmten Schriftstellers usw. In Zusammenarbeit mit einer Buchhandlung findet eine Bücherausstellung an der Schule statt.
- Die Klassen besuchen die ortsansässige Bücherei.
- Ein Schriftsteller wird zu einer Lesung eingeladen.
- Jede Klasse führt einen internen Lesewettbewerb durch.
- Die Theatergruppe erarbeitet ein Stück, bei dem ein Buch aus dem Projekt szenisch umgesetzt wird.
- Auf einem Bücherflohmarkt verkaufen die Kinder ihren Mitschülern ausgelesene Bücher zu einem angemessenen Preis.
- Am Ende des Projektes steht ein Abschlussfest mit Präsentation der Lesesieger aus den einzelnen Klassen und der Aufführung des Theaterstückes.
- Die „Lesehymne" eröffnet und schließt das Fest; zuletzt stimmen auch die Eltern ein in die Aufforderung: „Träum dich ins Geschichtenland".

### 2. Aufgaben zur Vorstellung des Liedes

a) Gibt es in diesem Lied einen Refrain (Kehrvers)?
(*Lösung:* Das Lied beginnt – im Gegensatz zu vielen anderen Liedern – mit dem Refrain. Dazwischen erklingen die Strophen.)

b) Finde heraus, ob sich in diesem Lied Melodieteile wiederholen!
(*Lösung:* Das Lied besteht aus zwei Zeilen, die jeweils wiederholt werden. Die Schüler bringen die in falscher Reihenfolge vorgegebenen Melodiestreifen (an Tafel oder auf Folie) in die richtige Ordnung.)

c) Stelle fest, an welchen Stellen die folgenden Rhythmusbausteine zu hören sind! Die Schüler klatschen Motiv a) und stampfen Motiv b).

(*Lösung:* Motiv a) ist sowohl im zweiten Takt des Refrains als auch im zweiten Takt der Strophe zu hören. Motiv b) schließt jeweils die beiden Liedzeilen des Refrains ab.)

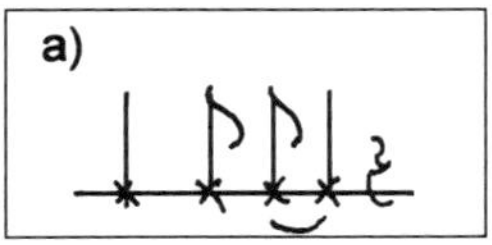


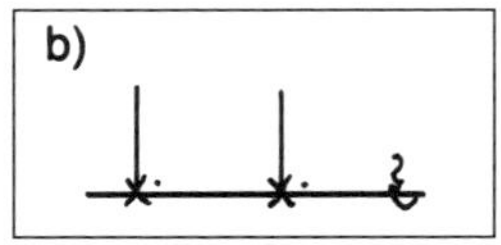


Zur Bestätigung der Lösungen werden über den beiden Melodiestreifen die entsprechenden Rhythmuskärtchen angebracht. Zusätzlich singt/spielt der Lehrer nochmals das Lied; die Kinder klatschen bzw. patschen an den bezeichneten Stellen.

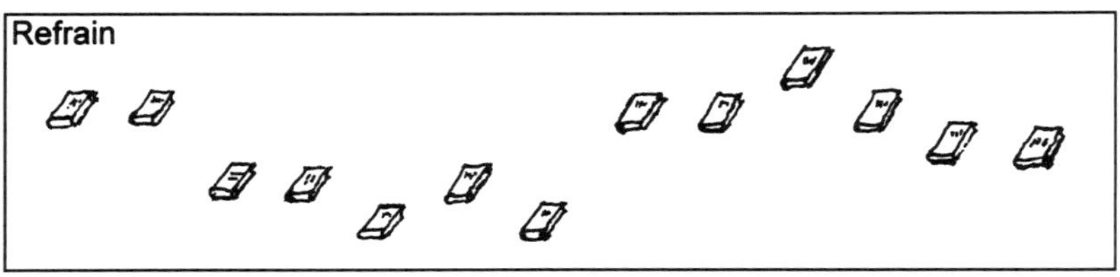


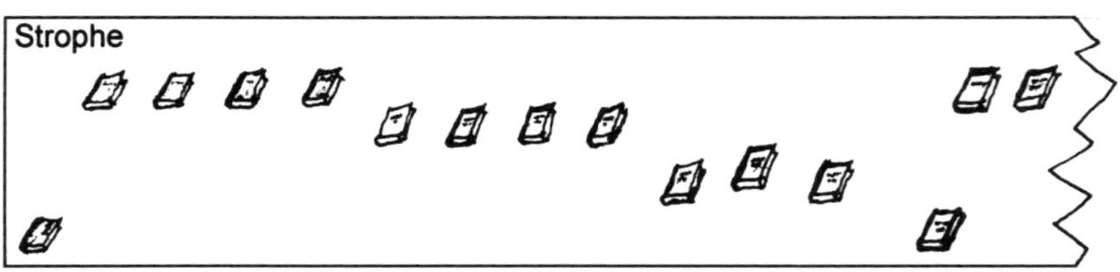


## 3. Singen des Refrains

Der Lehrer heftet unter die ersten Melodiestreifen die beiden Zeilen des Refrains. Der Text wird von den Schülern auf verschiedene Weise gesprochen: wie ein Zauberwesen, wie ein Schriftsteller, wie im Traum usw. Anschließend flüstern, sprechen, rufen alle den Text metrisch gebunden (im Rhythmus des Liedes).

Die Klasse singt in verschiedenen Tempi den Refrain: in Zeitlupe, schnell wie ein Flugdrache usw. Der Lehrer intoniert die Strophen; die Kinder übernehmen jeweils den Refrain.

**4. Arbeit an den Strophen**

Der Text der Strophen ist relativ umfangreich und teilweise kompliziert. Daher sollte zunächst eine inhaltliche Klärung erfolgen:

1. Strophe: Märchen für die Kleinen
2. Strophe: Bücher von Astrid Lindgren
3. Strophe: Krimis und Sciencefiction
4. Strophe: Fantasie-Romane (die modernen Märchen für Erwachsene)

Die Texte werden in wechselnden Stimmungen (traurig, fröhlich), von unterschiedlichen Gestalten (Pippi Langstrumpf, Kommissar), in verschiedenen Tempi (langsam, schnell) gelesen. Als Vorstufe zum Singen sprechen die Kinder die Strophen im Rhythmus der Melodie leise, laut und ohne Stimme wie beim „Playback-Sprechen" (= nur die Lippen bewegen).

Zur Kontrolle, ob die Kinder bereits Strophentext und Melodie richtig miteinander verbinden, führt der Lehrer ein Texträtsel durch: Die Melodie wird ein Stück weit auf einem Instrument angespielt; die Kinder lesen den Text leise mit und stellen anschließend fest, bei welchem Wort die Musik abgebrochen wurde.

**5. Singen des Liedes**

Die Schüler singen jeweils nur die ersten beiden Takte der Strophen, der Lehrer führt die Takte 3 und 4 aus.

Die Jungen sind für die Takte 1 und 2 zuständig, die Mädchen übernehmen die Rolle des Lehrers. Ein Solist intoniert die erste Zeile; die ganze Klasse singt die zweite Zeile (= Wiederholung). Der kritische Lehrer achtet darauf, dass die Zeilenschlüsse der Strophen erst auf dem dritten Schlag des letzten Taktes abgesprochen werden.

Wer ein Märchen kennt, singt die erste Strophe; wer Pippi Langstrumpf gelesen hat, singt die zweite Strophe; wer gemeinsam mit Kalle Blomquist auf Verbrecherjagd war … usw. An jede Strophe schließt sich der gemeinsam gesungene Refrain an.

**6. Vorbereitung der ostinaten Begleitung**

Der auf den Xylophonen auszuführende Begleitrhythmus wird leichter spielbar, wenn er mit einer Textzeile unterlegt ist:

Die Schüler sprechen den Text im Rhythmus. Beim „pst“ führen sie den Zeigefinger an den Mund (= Aktion für die Pause, damit diese auch wirklich eingehalten wird). Der Rhythmus wird auf Klanggesten übertragen; der motorische Ablauf verdeutlicht den Wechsel der Töne. Die Kinder flüstern den Text „Flieg mit uns“ dazu; der Lehrer singt oder spielt das Lied. Hier ein Beispiel für das Sopran-Xylophon:

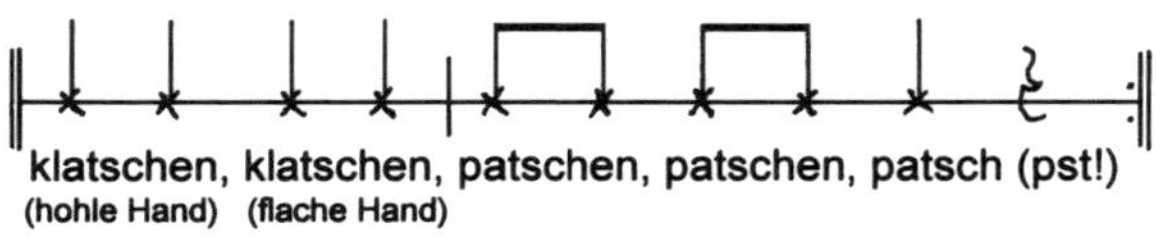


## 7. Musizieren auf Instrumenten

Es ist hilfreich, wenn die Stabspiele vor dem Unterricht präpariert werden (herausnehmen der nicht benötigten Tonstäbe/bekleben mit Farbpunkten). Je nach Anzahl erhält nur jeder dritte oder vierte Schüler ein Instrument. Bei der Ausgabe der Stabspiele zeigt der Lehrer den Schülern, auf welche Töne der geübte Rhythmus zu übertragen ist.

Wer kein Xylophon hat, spielt weiterhin mithilfe von Klanggesten mit. Die Cello-Stimme kann auch auf dem Keyboard oder auf dem Bass-Xylophon ausgeführt werden. Hilfreich kann dabei sein, die Melodie auf die Silbe „bomm“ zu singen, bevor sie auf ein Instrument übertragen wird. Die Erfahrung zeigt, dass gerade solche Bassläufe eine hohe Motivation besitzen und von den Kindern freiwillig (!) geübt werden. Der Lehrer spielt/singt immer wieder die ganze Melodie des Liedes dazu.

## 8. Aufführung des Liedes

Ein Teil der Schüler übernimmt den Instrumentalpart, der andere Teil den Gesangspart (evtl. eigens festlegen: Solisten für die Strophen).

Sänger und Instrumentalisten tauschen nach einem Durchgang ihre Aufgaben, was wegen der methodischen Vorgehensweise jederzeit möglich ist. Wenn das Lied eine Präsentation des erwähnten Leseprojektes einleitet, könnte die gesamte Schule den Refrain singen, der Schulchor übernimmt die Strophen; die „Lehrerband“ begleitet.